MERKWÜRDIGES MÜNSTERLAND

MERKWÜRDIGES MÜNSTERLAND

Texte und Bilder

Herausgegeben von
Annelise Raub

Mit Illustrationen von
Andreas Raub

Aschendorff Münster

Gesamtherstellung: Druckhaus Aschendorff, Münster, 2000
Gedruckt auf säurefreiem, alterungsbeständigem Papier ∞
ISBN 3-402-05368-3

Zum Geleit

Münster und Münsterland – mit diesem Wortpaar verbindet der Eingeweihte mehr als nur den Gegensatz von Großstadt und »Umland«. Denn diese Stadt und das Land, das ihren Namen aufgenommen hat, sind eine Einheit in der Zweiheit, ein in Jahrhunderten gewordenes Miteinander, wie es selten zu finden ist. Begabte und tüchtige Kinder des Landes lernten und lehrten, handelten, handwerkten und bauten in der Stadt, und viele gaben ihr Können und Wissen auch wieder an das Land zurück. Oft aber vollendete sich in der Stadt nur, was sich auf dem Lande stufenweise vorbereitet hatte. So waren und sind die Wege zwischen Stadt und Land nie Einbahnstraßen. Nicht nur der helle Sandstein der Baumberge verbindet beide sichtbar und sinnbildlich in Skulpturen, Wegkreuzen, Mauern, Brücken, Häusern, Schlössern und Kirchen. Und die Altstadt Münsters läßt den Besucher neben ihrer unaufdringlichen Noblesse auch immer noch einen Hauch von Bodenständigkeit spüren. Gerade diese Mischung macht sie zu einer menschlichen Stadt. »Stadt ins Land gedehnt. Sie faßt / sammelt Land. Sie türmt und sichtet / Land zu Kirche, Haus, Palast: / Münsterland, zur Stadt verdichtet« (H. Rodingen, siehe S. 104).

Wenn dem aber so ist, folgt daraus, nicht nur »Münster steckt voller Merkwürdigkeiten«, sondern auch das Münsterland! Und diese Fülle läßt sich nicht zwischen die Deckel eines handlichen Buches zwängen. So kann die vorliegende Sammlung geschriebener und gezeichneter Fundstücke nur Ausschnitte eines großen Panoramas bringen. Sie reichen von Warendorf im Osten bis Raesfeld im Westen, von Hopsten im Norden bis Nordkirchen im Süden.

In unserer Auswahl überwiegen die nach 1945 entstandenen Texte. Wir bemühten uns um Autoren, die scheinbar Bekanntem neue Seiten abzugewinnen wußten, aber auch um Beiträge, die bisher kaum Beachtetes merk-würdig fanden. Die meisten Texte erschienen bisher noch in keiner Anthologie.

Der Illustrator hat sich durch ausgiebige Lektüre und viele Begegnungen vor Ort in Wind und Wetter vom Geist des Münsterlandes inspirieren lassen und machte das auf seine Weise sichtbar. Mögen die von den viel zu vielen Fotos unserer Zeit überreizten Augen unserer Leser in den stillen, auf das Charakteristische zurückgenommenen Bildern etwas vom immer noch Merkwürdigen des Münsterlandes erkennen und lieben lernen. Nur wer weiß, was er besitzt, kann sich auch für seinen Erhalt einsetzen.

Das Quellenverzeichnis dient zugleich als Inhaltsverzeichnis. Die wenigen erklärenden Zusätze der Herausgeberin sind im Text kursiv gesetzt.

Dr. Annelise Raub *Andreas Raub*

Gedicht als Dank

Ein seltenes »Schriftstück« erreichte jetzt – verborgen zwischen Formularen und Vermerken – die Stadtverwaltung Münster: In Form eines Gedichtes bedankte sich ein »echter Westfale«, wie er in einem Brief anmerkte, für die »schönen Stunden und Tage«, die er oft »in dem herrlichen Teil Westfalens« verbrachte. Das Gedicht erreichte die Stadt aus Herne, verfaßt von dem 39jährigen Zollbeamten Erich Bregenstroth jr. Er ist Mitglied der »Schreibwerkstatt« der Volkshochschule Herne, in der sich »Amateur-Dichter« aller Alters- und Berufsgruppen zusammengefunden haben. Mit Erfolg, wie das nachfolgende Gedicht zeigt.

»Münsterland«

wiesen, felder, kleine wäldchen.
durchbrochen von wegen und straßen.
vereinzelte bauerngehöfte.
rote ziegel inmitten von kornfeldern.
in kleinen teichen spiegelt sich die sonne.
darauf wasservögel, weißen punkten gleich.
herrliche pferde grasend auf einer koppel.
entfernter glockenklang erreicht mein ohr.
freude überkommt mich und ein hauch melancholie.

Erich Bregenstroth 1982

»Seltsames schlummerndes Land ... so träumende Gewässer«

Der Himmel hängt niedrig über einer Parklandschaft, die unendlich ist in ihrer Wiederholung von Feldern, Wiesen, Baumgruppen, Wallhecken und viel Wasser. Immer wieder Buchenhaine, Eichen und Ulmen, Birken und Erlengebüsch an Pferdekoppeln, Pappeln und knotige Weiden am Bachlauf. »Seltsames, schlummerndes Land. So sachte die Elemente, so leise seufzender Strichwind, so träumende Gewässer«, schrieb die im Münsterland geborene Dichterin Annette von Droste-Hülshoff. Sie hat diese Landschaft poetisiert, wir sehen noch immer vieles mit ihren Augen. Ein verhaltener westfälischer Dichtertraum. Stille

ländliche Schönheit, die sich nicht aufdrängt und nur langsam erschließt. Sichtlich *con amore* geschaffen. In der weiten Ebene ragen nur einige Erhebungen wie Inseln hervor: die Baumberge, wo der schöne Sandstein herkommt, mit dem man in Westfalen Kirchen und Wasserschlösser baute, die Borkenberge, die Beckumer Berge, Hohe Mark und Haard. Wie Inseln eben. Die geographische Bezeichnung »Münstersche Bucht« und die riesigen Meeresschnecken, die größten Ammoniten, die je auf der Erde gefunden wurden (zu besichtigen im Landesmuseum für Naturkunde in Münster) erinnern daran, daß dieses Gebiet in früher erdgeschichtlicher Zeit vom Nordmeer bedeckt war. Jetzt liegt es wenig darüber, der Westwind stößt auf kein Hindernis, das milde Klima ist atlantisch bestimmt.

Das Münsterland ist die »Heimat des Regens«, das bezeugte schon 1644 der römische Gesandte Fabio Chigi, der spätere Papst

Alexander VII., der Teilnehmer der Friedensverhandlungen zur Beendigung des Dreißigjährigen Krieges in Münster war: »Sechs Jahre sind es nun, daß ich hier bin, ich sah dich nicht anders als triefend in ständigem Regen«. Doch hier ist Regen schön. Das Land verdankt ihm die fruchtbare Erde, blühende Fluren, prangende Gärten und verschwenderische Nässe. Selbst der grünangestrichene Winter im Sommer 1974 wurde im Münsterland nicht so beklagt wie anderswo. Da grünt das Grün noch einmal so prächtig. Weil ich gerade aus dem ofenheißen Florenz komme und zwei Monate in der Toskana war, könnte ich aufzählen, was alles einem Südländer hier fehlt, dem der Regen zu viel ist: Keine Zypressen haben wir hier, keine silbrigen Ölbäume, keine Feigen, keine Weinberge. Aber einen bis in den letzten Winkel durchkultivierten saftigen Garten, einen Park, geschmückt mit Schlössern und Kirchen, Stiften und Klöstern, mit Städten so alt und so jung wie Münster. Ein Land voller einsamer, backsteinroter Bauernhöfe, die schweigsam und geduckt unter Eichen liegen, manche von herrschaftlicher Größe, verstreute Drubbel, Bauerngärten mit Schleierkraut und Malven. Die Gehölze, Zäune und Gatter unterbrechen das Grün, die verträumten Flüsse Ems, Aa und Werse, die Wassergräben und Teiche wie schwarzes Spiegelglas verdoppeln die Schönheit. Malerische und graphische Reize wechseln ab. ...

Im Spätherbst, wenn die Nebel wallen, die Welt in zartem Grau verschwimmt, die Wirklichkeit in milde Schleier gehüllt ist – das sind die Tage, die wohl nirgends schöner sind als im Münsterland. Die Atmosphäre voll weißlich-trüben Lichts und wehender Gespinste ist voller Poesie. Die Kühe schwarz- und rotbunt, die Beine in weißlich-waberndem Grund scheinen zu schweben. Die Kühe sind's und nicht die Adler, die den Charakter dieser Landschaft bestimmen. ...

Die Landschaft strahlt Ruhe und Ausgeglichenheit aus, aber man täusche sich nicht. Immer mehr Wallhecken und Begrenzungen fallen, der Fortschritt, die Technik verlangen Durchbrüche, große Schläge. Strukturveränderung heißt das Zauberwort, obwohl die Westfalen beharrlich nach einem gesunden Gleichge-

wicht zwischen überlieferter Form und Forderungen der Gegenwart streben, immer bemüht, die Dinge auf ein menschliches Maß zurückzuführen, die wahren menschlichen Bedürfnisse zu berücksichtigen und die Harmonie der Natur zu bewahren, statt sie immer weiter zu verwüsten. Immer noch ist der große Umzug im Gang. Während die Landbevölkerung Arbeit in den Städten sucht, übernahmen die entnervten Städter Bauernhäuser als stille Refugien.

Aber hier sind die Spannungen der Gegenwart fühlbar. ...

Die Auseinandersetzung wogt hin und her: Will man dörfliche Atmosphäre und Ferien beim Bauern oder eher städtischen Amüsierbetrieb einer total durchgeplanten Urlaubswelt?

Doch schon lange bemühen sich die Westfalen, die Landschaft vor unverantwortlichen Eingriffen zu bewahren, sie aber auch der Bevölkerung zu erschließen. Die Natur- und Landschaftsschützer sind wegen ihrer muffigen Heimattümelei viel belächelt und attackiert worden. Heute hört man wieder mehr auf sie, seit man »umweltbewußter« geworden ist. ...

Die schönste Gegend der Welt, wenn sie keine Vergangenheit zurückruft, wenn sie nicht Spuren irgendwelcher Begebenheiten trägt, ist ohne Bedeutung im Vergleich mit historischem Boden: Der Satz könnte von Ricarda Huch sein, aber das schrieb schon

Schloß Lembeck

Madame de Staël in ihrem Deutschlandbuch. Die Vergangenheit des Münsterlandes reicht nicht nur bis zu Widukind und Karl dem Großen zurück, sondern bis in jene Zeit, als auf einem bedeutenden Ost-West-Fernweg, wie man glaubt, Griechen hier unterwegs waren, die mit Bernstein von der jütländischen Küste, Purpur vom Mittelmeer, Bronze aus Spanien, Waffen und Schmuck handelten – alles fand man in Hünengräbern.

Schon zur Zeit der Hanse waren die Beziehungen zur Provinzialhauptstadt Münster eng. Die prächtigsten Bauten hat die Herrschaft der Fürstbischöfe hinterlassen.

Das Münsterland ist das eigentliche Wasserburgenland. Überall und immer wieder krönen Burgen, Schlösser und Schlößchen die Landschaft, Zeugen feudaler Vergangenheit, deren Erhaltung heute überaus kostspielig ist. Immer mehr werden »revitalisiert« und ihrem eigentlichen Zweck entfremdet. Die »späte Rache der Geschichte« nennen das die »Büllekens«, wie man in Westfalen, wo Bilder aus der Landwirtschaft immer gegenwärtig sind, junge aufsässige Leute nennt.

Überall in den kleinen Städten, ja Dörfern sind Kostbarkeiten zu finden, kunstvolles Fachwerk, Rathäuser voller Schätze, Patrizierhäuser aus der Hansezeit, Dome und Kirchen über Kirchen. Großartige Bauten wie in Münster, Freckenhorst und Vreden. ...

Was aber wäre das Münsterland ohne die Münsterländer! Westfalen sind Westfalen, wie nur noch Bayern Bayern sind. Sie haben das ausgeprägteste Stammesbewußtsein in Deutschland. Ich muß wieder Annette von Droste-Hülshoff zitieren: »Ich bin ein Westfale, und zwar ein Stockwestfale, nämlich ein Münsterländer«, und gleich auch noch Heinrich Heine: »Ein Volk so fest, so sicher, so treu, ganz ohne Gleißen und Prahlen. Sie fechten gut, sie trinken gut, und wenn sie die Hand dir reichen zum Freundschaftsbündnis, dann weinen sie, sind sentimentale Eichen«.

Eka von Merveldt 1974

Bombergs Hochzeitsreise

Nach der hoch offiziellen, feierlichen Standeshochzeit im Martiniviertel zu Münster, wo der Gutelagerhof lag, folgte jene berühmte Hochzeitsreise. »Ich hab' noch charnix von der Welt chesehen«, sagte die junge, schüchterne Frau und freute sich auf die weite Reise.

»Du sollst staunen, wie groß sie ist!« rief der Baron.

Und fuhr unter Hörnerschall und dröhnendem Salutschießen über die Neubrückenstraße hinaus und zeigte seiner jungen Frau die Stadt und sagte: »Damit du zuerst siehst, wie groß Münster ist!« Im Galopp stob das Gefährt mit vier Apfelschimmeln die Wallpromenade um die Stadt, hoch auf dem Bock Dachs, der neue Diener und Paradekutscher, an den kupfergrünen Domtürmen und getreppten Giebeln entlang, unter dem roten Dächergewirr im Abendschein, dann bogen sie die Telgterstraße hindurch bis Handorf, wo sie auf der Boniburg des Herrn von Hatzfeld abstiegen. Als Hochzeitsgeschenk bat er sich einen Papagei aus und hing ihn im Bauer an die Decke des Wagens. Die junge Frau fütterte ihn mit einem Zuckerklümpchen. Dann ging es langsam

Roxel

Ottmarsbocholt

den Sandweg bis Havichshorst und über Kleinmann bis Gievenbeck und über Mecklenbeck bis Amelsbüren, wo sie die zweite Nacht verbrachten, und dort schenkte er ihr einen Kanarienvogel. Und sie schibbelte sich vor Gelächter. »Ja, wer mit dreißig Jahren schon gescheit ist, kann mit vierzig sterben!« rief der Ba-

Haus Byinck bei Davensberg

Haus Romberg bei Davensberg

ron, und sie schlug ihm mit dem Handschuh schalkhaft den Mund. Am Morgen ging es über Hiltrup nach Angelmodde und Rumphorst. Ja, schön ist die Welt! Groß ist die Welt! Und hier, in Lengerich, schenkte er ihr einen Buchfinken, der unterm linken Türfenster sein Kästchen bekam. Und sie lachte noch mehr: »Main Chott! Main Chott!«

Und in der Frühe ging's zickzack mitten übers Feld, daß die junge Frau verwundert den Kopf hinausstreckte: »In welch eine wilde Gegend kommen wir doch jetzt, main S-chatz?« – »Ja, Münsterland ist groß!« schmunzelte der Baron, und sie fuhren über Nienberge und Roxel und Albachten und landeten in Ottmarsbocholt zur dritten Nacht. Hier stiftete er ihr einen grasgrünen Zeisig, der unters rechte Wagenfenster kam. Und die junge Frau fand das wieder so köstlich wie drollig und lachte sich halb tot: »Nu sieh mal an – nu sieh mal an!«

Dann fuhren sie nach Davensberg und wieder einsame weite Sandwege durch Felder und Eichen, und sahen viele Kühe auf den Weiden. »Wie? –In Rinkerode sind wir schon?« staunte der Baron zum Fenster hinaus und schenkte dort eine Bachstelze, die übers Rückenfenster plaziert wurde. Und wieder sehr weit fuhren sie im Bogen über Albersloh bis Wolbeck, und hier kamen

Rinkerode

zwei Fliegenschnäpper und eine Meise hinzu, so daß die junge Frau schon im ununterbrochenen Gezwitscher, Geflöte wie in einem Käfig des Gesanges durch die Landschaft fuhr und bereits über Kopfschmerzen klagte, aber der Baron ward übermütiger und immer glücklicher und voll Witz und voll sprudelnder Lustigkeit, und an jedem Postschalter und vor jeder Wirtschaft, wo das tirilierende Gefährt hielt, strömte neugierig jung und alt zusammen, daß sie sich beherrschte noch bis Telgte, wo ihm ein Starenpärchen schon an den Schlag gereicht wurde. Nun stieg ihr Argwohn auf und sie kuschelte sich mit jähem Erröten hinter sei-

Einfahrt Haus Buldern

ne Schulter in den Seidenfond des Wagens: »Er hat sie vorher alle extra bestellt und spielt mir ßchon einen Schabernack – oh – oh!«

Aber sie schwieg und ließ sich im Bogen abermals weiter in die große unbekannte Welt kutschieren bis nach Greven, bis Altenberge, und da ward ihr plötzlich ein viel Schlimmeres zur vollen Gewißheit: daß der Baron sie schon viermal im Bogen nur rund um Münster gefahren hatte und ihre Hochzeitsreise also wie eine Narrenkreisel lief! Betäubt wußte sie schon gar nicht mehr, wieviel Getier in dem Wagen steckte: die Bachstelze wippte, die Nebelkrähe koraxte wild Krah-krah! es flatterte, kuschelte, schnäbelte, Finken, Dohlen, Grünspecht, Zeisig und Meise lärmten durcheinander, die Schwarzdrossel flötete, das Rotkehlchen klagte, das Goldammermännchen rief unverdrossen nach seinem Weibchen, und: »Himmel hilf mir!« in Havixbeck reichte er ihr öffentlich einen leibhaftigen, klappernden Storch in den Wagen und setzte ihn auf ihren Schoß! In gestreckter Karriere – die Schimmel warfen krippenselig die Kruppen jachternd in die Luft – in der piependen, flatternden Karosse sausten sie donnernd auf die Brücke, Lakaien und Kutscher sprangen an die Türen, Schachteln und Koffer abzuladen, und der Gemahl, groß, fürstlich, geleitete sie heraus, die, der Auflösung nahe, mit Tränen kämpfte. »Hier ist *dein* Nest – mein Turtelchen!«

So schaffte er seine junge Frau in der Vögelkutsche ins Schloß.

Josef Winckler 1922

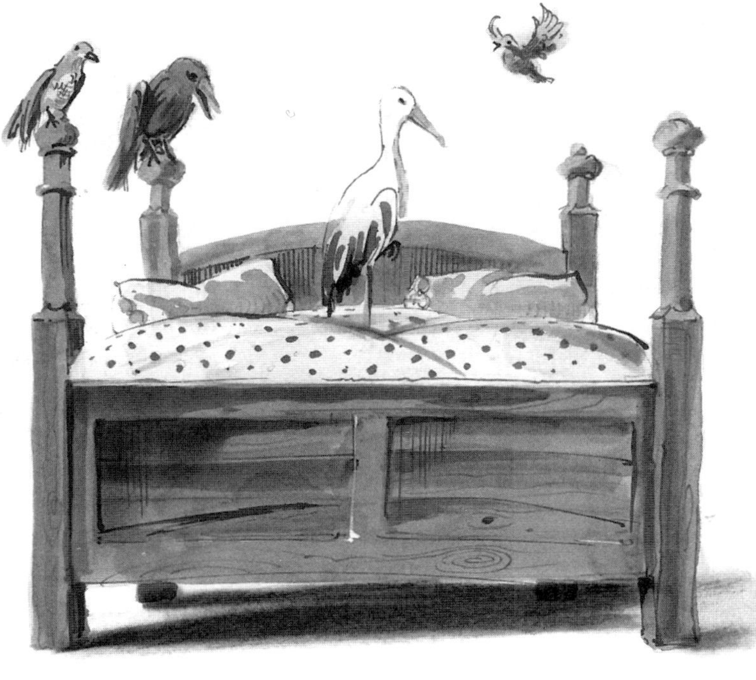

Erinnerungen an die Fürstin Amalie von Gallitzin in Angelmodde

Die Fürstin, so lautet die Erzählung, sei, als sie nach Angelmodde gekommen, eine kleine gebückte Frau gewesen, mit großen blauen Augen und lockigen Haaren unter einer mächtigen schwarzen Haube. Sie habe ein mageres Gesicht mit männlich gebogener Nase und Ehrfurcht erweckenden Zügen gehabt. Aber mild und freundlich habe sie die Dorfbewohner angeblickt, wenn sie Sonntags zwischen ihren Reihen hindurch in einem Gewande von schwarzem Samt zur Kirche geschritten sei. Oft sei die hohe Frau in Begleitung ihrer Kinder mit einer schönen silberbeschlagenen Vogelflinte auf die Jagd nach Feldhühnern gegangen, aber niemals habe sie eins getroffen. Nicht selten auch habe sie den Leuten im Dorfe Feuerwerke abbrennen und Kletterstangen mit silbernen Taschenuhren daran errichten lassen, und den Weg von ihrem Landhause bis nach Angelmodde habe sie mit farbigen Lichtern illuminirt und alle bewirthet mit Wein und Essen. Die Bauernjungen, welche in der Werse gebadet hätten, habe sie ermuntert und von tüchtigen Schwimmmeistern unterrichten lassen, daß sie schier die besten Schwimmer in Westfalen geworden. Für die Armen sei sie sehr gut gewesen; eine alte Frau, die bei der Fürstin in Dienst gestanden, habe viel von ihren Wohlthaten erzählt und gesagt, es sei der Fürstin nicht recht gewesen, wenn nicht immer der große Schrank voll von Zeug gelegen hätte, das eigens für die Armen gemacht war. Das Haus der Fürstin sei immer besucht gewesen von gelehrten und geistlichen Herrn. Oft sei der kluge Minister von Fürstenberg zu Fuß oder auf einem kleinen Pferde gekommen, und er habe dann meistens einen grauleinenen Kittel und ein schwarzes Lederkäppchen getragen.

Theodor Berthold 1885

Angelmodde, St. Agatha mit Grabmal der Fürstin

Rund um Münster

Zwischen den hellen Betonbändern der Bundesstraßen, die sternförmig der Stadt Münster zustreben, winden sich sandige Wege, von Siedlungen begleitet, deren Gärten ein freundlicherer Übergang von der ländlichen Umgebung zur Stadt sind als industrielle Anlagen, die die Randgebiete anderer Großstädte häufig bestimmen. Dieses langsame kreisförmige Anwachsen der Besiedlung erscheint als eine Konzentration menschlichen Lebens in einer bäuerlich gebliebenen Umgebung. Das Bauerntum des Umlandes hat nicht nur seine Verwaltungsorganisationen in Münster gebildet, es speist tagtäglich das Leben in der Stadt, es ist die eigentliche Lebensquelle des so konservativen Münsters.

Wie jedes Ding hat der starke Zusammenhang von Stadt und Umgebung zwei Seiten, manchmal sogar mehrere. Wenn Schwierigkeiten auftauchen, vor allem an den Stadtgrenzen, dann liegt es zumeist am »sprichwörtlichen« Eigensinn der Dorfbürgermeister und Amtsdirektoren (von der Stadt aus gesehen) oder am Hochmut der ehemaligen bischöflichen Landeshauptstadt bzw. preußischen Provinzialhauptstadt (vom Land aus gesehen). Dieser Kleinkrieg der Behörden wird aber gewissermaßen im Schutz der Wallhecken ausgetragen. ...

Die münsterischen Kaufleute zeigen sich ausgesprochen freundlich gegenüber ländlichen Kunden mit dem verbindlichen Werbeslogan »Stadt und Land – Hand in Hand«, der aber wohl nur die Käufer der näheren Umgebung erreicht. Das Ruhrgebiet mit seinen günstigen Einkaufsmöglichkeiten ist durch die Autobahn noch näher gerückt. Der Prinzipalmarkt hat mit der Düsseldorfer »Kö« nicht nur die Höhe der Grundstückspreise gemeinsam. Aber trotzdem sieht man die ländliche Bevölkerung im Straßenbild der Großstadt, mehr aber noch in den zahlreichen Cafés hinter großen Kuchenbergen. Sonntags jedoch geht es umgekehrt, da begeben sich die Münsteraner aufs Land. Ob zu Fuß, mit dem Fahrrad oder dem Auto haben sie ein Ziel: die bäuerlichen Kaffeewirtschaften, die zu Münster und seiner Umgebung gehören wie das Schwarzbrot zum Schinken. Diese Kombination von Bauernhof und Restaurationsbetrieb bietet nicht nur alle Vorteile einer ländlich-deftigen Küche mit selbstgebackenem

Münster-Gievenbeck, Neubaugebiet Auenviertel

Brot, Wurst aus der Hausschlachtung, fetter Milch und großen Kuchenstücken, sie vermittelt dem Städter gleichzeitig das Erlebnis einer ländlichen Idylle am Herdfeuer oder im sommerlichen Kaffeegarten mit gackernden Hühnern und zuckersüchtigen Wespen auf dem Kuchen. Kinder erleben aufregende Stunden beim Fröschefangen an nahen Teichen und Bächen oder beim Treiben der Kühe und Schweine auf benachbarten Weiden. Spielgeräte stehen neben offenen Scheunentoren und gewähren Einblicke in unbekannte Welten. Bei alten münsterischen Familien haben sich Traditionen herausgebildet, zu welcher Kaffeewirtschaft man geht, und das oft über Generationen. Die bäuerlichen Wirte kennen die Familien ihrer Gäste und diese wieder wissen genau über Lisbeth und Bennätzken Bescheid. Und so bleibt man auch geduldig, wenn der Garten voller Gäste sitzt und wartet, bis Hermann, der wochentags den Acker bestellt, das riesige Kuchentablett herangeschleppt hat. Wenn man dann gestärkt weiterwandert oder wieder sein Fahrrad besteigt, ist man eigentlich sehr froh, daß hier die Zeit stehengeblieben scheint, nur die Farbschicht der Gartenstühle ist dicker geworden und die »halbe Portion Brot und Butter« kostet nicht mehr 35 Pfennig. Es bleibt der Wunsch, daß man auch mit den Enkeln in späteren Jahren nach Telgte, Gimbte und auch in die nahen Baumberge fahren oder nach Handorf, Gremmendorf und Angelmodde wandern kann.

Gisela Schwarze 1968

Westfälische Wallhecken

Die sogar der Dichter besang – betrachten wir sie uns ein wenig genauer, die alten Wallhecken, zumal auch mit ihnen, um einige Streifen Ackerlandes zu gewinnen, die neuere raffinirte Feldwirthschaft allmählich aufräumt.

Die Erdwälle haben nicht selten eine Höhe von sechs bis zehn Fuß und eine dem entsprechende Dicke. Es sind bisweilen wahre Festungswälle, mit denen manche kleinere Festung »nach Vauban'schem System« sich schon zufrieden geben könnte. Hier und da fehlen sogar die Festungsgräben nicht, angefüllt mit schwarzem, trägem Wasser, worin zwischen moderndem Laube langbeinige Wasserkäfer sich ängstlich verstecken. Die Ausfallspforte, oder vielmehr der friedliche Ein- und Ausgang des Landmanns und seines »schwer dahinwandelnden« Hornviehs, wird gebildet durch eine breite Lücke im Walle, welche durch ein sogenanntes »Heck« verschließbar gemacht wird. Dieses Heck ist ein origineller, echt westfälischer Verschluß, nämlich eine breite viereckige Pforte, deren Ober- und Hauptheil aus einem knorrigen, sanftgeschwungenen Baumstamme besteht, der sich auf einem fast ebenso mächtigen, oben zugespitzten Pfahle dreht. Solch ein Heck fordert den Spaziergänger in westfälischer Landschaft, indem es ihm den Weg versperrt, nicht selten zu allerlei Turnübungen und Springkünsten heraus. ...

Die Seitenwände – Böschungen – unserer Wälle bekleideten sich im Laufe der Zeit mit allerlei Gewächsen. Hier sind ganze Flächen mit hell- und dunkelgrünem Moose überzogen, dort hängen die schön geschnittenen Wedel des Farnkrautes in Massen herab; hier schlingt der Brombeer seine dunkelrothen Ranken mit den weißen, rosig angehauchten Blüthensternen, dort klettert das Besenkraut hinauf in der Fülle goldgelber Schmetterlingsblumen. Neben wilden Erdbeeren nicken Sträuße von weiß blühendem Hornkraut und blauem Ehrenpreis. Dazwischen findet sich zur Abwechselung eine kahle sandige Stelle, welche die heißen Sonnenstrahlen auffängt; hier ringelt sich nicht selten die Schlange, oder es rasten daselbst die dunkelgelben, schwarzgepunkteten Schmetterlinge, die »Sandaugen«, ihre Flügel wohlig auf- und zuschlagend. Manches wilde Kaninchen hat dort auch den Eingang zu seiner Wohnung.

Die obere Fläche der Erdwälle ist mit hohem, dichtem Gesträuche bedeckt. Vorherrschend ist Eichen- und Nußholz, bisweilen mit einander vermischt, wo dann das runde, hellgrüne Nußlaub angenehm von dem zackigen, dunkeln Eichenlaube absticht; noch öfter in reinen Beständen. Doch auch allerlei anderes Gesträuch siedelte sich auf den Wällen an. So stieg die weißstämmige Birke hinauf, ihre schwanken Zweige mit den duftenden Blättchen dem Winde zum Spiel darbietend; der Schlehdorn verflocht sich mit wilden Rosen und Geisblattranken zu malerischem Gewirre; die Eberesche leuchtet im Herbst mit den Büscheln ihrer rothen Beeren, und auch die dunkelblätterige Erle versuchte bisweilen hier Stand zu fassen. Vereinzelt überragt das Buschwerk ein schlank aufgeschossener Baum, der wie ein Wächter von hoher Warte ins umliegende Land sieht.

Alle fünf bis sechs Jahre wird das Buschwerk abgehauen. Die Wurzeln und ein Theil des Stammes bleiben stehen, und indem beide immer neue Sprossen treiben und diese im Lauf der Jahre immer von neuem abgeholzt werden, bildeten sich, namentlich bei den Eichen, allmählich allerlei wunderbar gestaltete Knorren und Stubben, die besonders zur Winterszeit, wenn das Zweigwerk des Laubes entkleidet ist und ein grauer Nebel durch die kahlen Reiser gleitet, einen phantastischen Anblick gewähren. Hier ragt über den Weg ein reckenhafter Arm, mit geballter Faust drohend, dort hebt eine gewundene Schlange oder ein anderes Ungethüm, dessen wulstigen Kopf ein wirres Reiserhaar bedeckt, sich mit halbem Leibe über den Wall...

Dem Einwurf, daß durch die Wallhecken soviel Land für den Ackerbau verloren gehe, weiß der echte – sonst so schweigsame – Westfale beredt mit Gegengründen zu begegnen: Westfalen, sagt er, hat fruchtbaren Boden und meist freie Grundbesitzer, so daß es auf ein Streifchen Ackerland mehr oder weniger nicht ankommt; die Wallhecken liefern dem Bauern, der keinen größeren Busch besitzt, das nöthige Brennholz für die Küche; sie halten die zerstörenden Nachtfröste von den Saaten ab oder machen dieselben weniger schädlich, auch brechen sie die Gewalt der Winde, welche das Korn niederwerfen, das sich dann bei eintretendem Regen nicht wieder zu erheben vermag und am feuchten Boden verdirbt; sie bieten den insektenfressenden Vögeln, welche sich dem Landbau so nützlich erweisen, geeignete Örtlichkeiten zum Nisten und befördern also deren Vermehrung; sie ermöglichen es, daß das Vieh unbeaufsichtigt auf der Weide geht, wodurch die Kinder, die man anderswo zum Hüten benutzt, in Westfalen Zeit gewinnen, in die Schule zu gehen und etwas Ordentliches zu lernen; und endlich haben unsere Väter und Vorväter Wallhecken gehabt, und wir wollen sie auch behalten: es lebe das Alte, das Hergebrachte!

Theodor Berthold 1885

Landleben im Münsterland um 1840

Wir haben schon früher von dem überaus friedlichen Eindrukke eines münsterischen Gehöftes gesprochen. In den Sommermonaten, wo das Vieh im Felde ist, vernimmst du keinen Laut außer dem Bellen des sich an seiner Kette abzappelnden Hofhundes, und wenn du dicht an der offenen Haustüre herschreitest, das leise Zirpen der in den Mauernesseln aus- und einschlüpfenden Küchlein, und den gemessenen Pendelschwung der Uhr, mit dessen Gewichten ein paar junge Kätzchen spielen; – die im Garten jätenden Frauen sitzen so still gekauert, daß du sie nicht ahndest, wenn ein zufälliger Blick über den Hagen sie dir nicht verrät, und die schönen, schwermütigen Volksballaden, an denen diese Gegend überreich ist, hörst du etwa nur auf einer nächtlichen Wanderung durch das Schnurren der Spinnräder, wenn die blöden [= *schüchternen*] Mädchen sich vor jedem Ohre gesichert glauben. – Auch auf dem Felde kannst du im Gefühl der tiefsten Einsamkeit gelassen fortträumen, bis ein zufälliges Räuspern, oder das Schnauben eines Pferdes dir verrät, daß der Schatten, in den du soeben trittst, von einem halbbeladenen Erntewagen geworfen wird, und du mitten durch zwanzig Arbeiter geschritten bist, die sich weiter nicht wundern, daß der »nachdenkende

Herr« ihr Hutabnehmen nicht beobachtet hat, da er, nach ihrer Meinung, »andächtig ist«, d.h. den Rosenkranz aus dem Gedächtnisse hersagt. – Diese Ruhe und Einförmigkeit, die aus dem Innern hervorgehen, verbreiten sich auch über alle Lebensverhältnisse. – Die Toten werden mäßig betrauert, aber nie vergessen, und alten Leuten treten noch Tränen in die Augen, wenn sie von ihren verstorbenen Eltern reden. – An den Eheschlüssen hat frühere Neigung nur selten teil, Verwandte und achtbare Freunde empfehlen ihre Lieblinge einander, und das Fürwort des Geachtetsten gibt in der Regel den Ausschlag, – so kömmt es, daß man-

ches Ehepaar sich vor der Kopulation kaum einmal gesehen hat, und unter der französischen Regierung kam nicht selten der lächerliche Fall vor, daß Sponsen [= *Bräutigame*], die meilenweit hergetrabt waren, um für ihre Bräute die nötigen Scheine bei der Behörde zu lösen, weder Vor- noch Zunamen derjenigen anzugeben wußten, die sie in der nächsten Woche zu heiraten gedachten, und sich höchlich wunderten, daß die Bezeichnung als Magd oder Nichte irgendeines angesehenen Gemeindegliedes nicht hinreichend gefunden wurde.

Annette von Droste-Hülshoff 1845

Coesfelds Straßenpflaster um 1800

Von 1794 bis 1803 hat der französische Domkapitular und Theologe Abbé Baston als Emigrant in Coesfeld gelebt. In seinen Memoiren hat er diese Zeit sehr anschaulich geschildert:

Das »große« Coesfeld hat nur zwei kleine Pfarreien, die bloß deswegen etwas sind, weil die ländliche Umgebung mehrere Stunden im Umkreis dazugehört. Die Bevölkerung zählt nicht mehr als zwölf- bis fünfzehnhundert Seelen, und ein guter Fußgänger kann die Stadt gänzlich und in jeder Richtung in weniger als einer halben Stunde durchqueren.

Das »schöne« Coesfeld hat keine zwanzig leidlichen Häuser. Misthaufen liegen vor jeder Tür, denn jede Familie hat ihre Kuh, ihr Schwein und ihre Hühner. Im Augenblick, da ich dieses schreibe, ist das Pflaster der Stadt aufgerissen und erneuert worden. Das verdankt man mir. Denn ich bin der Freund des Bürgermeisters geworden und regte ihn zu dieser großen Unternehmung an, indem ich sie als ein Denkzeichen schilderte, das seine Regierung unsterblich machen würde. Als ich ankam, glich eine Straße einer Treppe: einen Schritt hinauf, den anderen hinunter. Neben einem runden, gewölbten Stein war eine Pyramide oder ein Loch, dies so tief, jene so hoch, daß man alle Mühe hatte, seinen zweiten Fuß aufzusetzen, wenn der erste Posto gefaßt hatte. Aber dies im ganzen so verdrießliche Pflaster, ich muß es sagen, war in seinen Bestandteilen großartig und ist es noch. Wie oft habe ich es bewundert, wenn ein Gewitter seine Oberfläche gewaschen hatte und diese Art von vorübergehendem Firnis seine Adern und Farben hervortreten ließ. Die Steine, aus denen es besteht, sind von schönster Politur. Die sogenannten ägyptischen Kiesel – ich habe einige in den Kabinetten unserer Naturfreunde gesehen – übertreffen sie nicht, selbst nachdem sie jahrelang von dem Besitzer gerieben und wieder gerieben worden sind. Es sind wahre Musterstücke aller erdenklichen Marmorsorten. Wenn es geregnet hat, gehe ich nur mit gesenkten Augen, so gern betrachte ich diese Raritäten, die das Wasser »hergerollt« hat ... Aber woher? Unmöglich, es zu vermuten. Meine Bewunderung hat die der Coesfelder geweckt, und der Bürgermeister hat die Gelegen-

Abbé Baston

heit benutzt, die Misthaufen von allen Straßen verschwinden zu lassen. Die Stadt ist jetzt sauberer und gesunder. Diesen doppelten Vorteil verdankt sie der uns erwiesenen Gastlichkeit.

Guillaume-André-René Baston um 1800

Herdraum und Flett

Ein ganz nüchterner Sinn für das Diesseitige vereinigt sich beim Münsterländer mit einem ebenso starken Sinn für das Geisterhafte, das Jenseitige. Im Herdraum, wo Schinken und Würste hängen, sind auch Sagen und Märchen zuhause, hier werden die Vorgeschichten, wenn auch nur langsam und zögernd, erzählt. Der Herdraum, der erst spät von dem gesamten Dielenraum abgetrennt worden ist, war die wohnlichste Stelle des ganzen Hauses; er war überhaupt der einzige Wohnraum, Kinderstube, gute Stube und Eßzimmer zugleich. Im »Flett«, auf dem gedielten Teile der Halle, wuchsen im alten Sachsenlande die Kinder auf; »fodian an flettia«, auf dem Flett aufziehen, heißt es im alten Heliand, der nach altsächsischer Art auch den kleinen Johannes auf dem Flett seiner Eltern aufwachsen läßt. Hier war es, wo am Herdfeuer die alltägliche Arbeit von der bunten Phantasie abgelöst wurde; da prangte oben auf dem Kaminsims und seitwärts auf dem Kannenstock das zinnerne Geschirr, das in einfacheren Zeiten hölzern gewesen sein mag. Kunstsinn und Schönheitssinn ging den alten Münsterländern ebenso wenig ab, wie anderen deutschen Stämmen. Seitwärts am Küchenraum hatte man zuweilen prächtige gemalte Fenster; bunte Glasgemälde brachten in die bäurische Einfachheit einen Zug großen und bunten Lebens hinein: schöne Bürgerfrauen, Kavaliere mit federgeschmücktem Hut, alte Bauernwappen und sonst noch allerlei.

Joseph O. Plassmann 1935

Der westfälische »Seher«

Nur noch eine Besonderheit aus meinem zweiten Aufenthalt [*1806*] in Westfalen. Sie hat zum Gegenstand die voyants (Seher). ... Der Seher in meiner kleinen Stadt [= *Coesfeld*] hütete von Standes wegen alle Schweine des Städtchens. Am frühen Morgen zog er mit ihnen los und führte sie weit weg auf die Weide. Müßig wie unsere Hirten auch, durchlief er die Ebenen und Hügel der Umgebung an der Spitze seiner Herde, und dabei begegneten ihm, wie er sagte, auf dem Wege zukünftige Ereignisse. Wie er erzählte, war es weder eine Offenbarung noch eine Erleuchtung, sondern ein Sehen. ...

Eines Tages ging ich auf dem Platz spazieren, an dem das Rathaus und die Wachstube liegen. Ich erinnerte mich an den Hirten ... und fragte meinen Freund, den Bürgermeister, den ich dort traf, ob dieser Mann immer noch Visionen hätte. »Immer noch«, antwortete er mir. »Vor mehr als Jahresfrist hatte er eine Vision, die uns sehr interessiert und die ich in Einzelheiten aufbewahre. Ich habe sie schriftlich, mit meiner Hand unterzeichnet und mit dem Stadtsiegel versehen, damit man, wenn das Ereignis eintritt, nicht sagen kann, daß das Gesicht eine spätere Erfindung sei.« »Können Sie mir sagen, um was es sich handelt?« »O, sehr gern!« Und dabei zeigte er mir ein großes Wappenschild in farbigem Schnitzwerk, das an der Wand befestigt war: »Sehen Sie dort das Wappen unseres neuen Landesherrn, des Fürsten von Salm! Nun, der Seher hat vor vierzehn oder fünfzehn Monaten folgendes in seinen eigenen Worten zu mir gesagt: Heute habe ich einige hundert französische Soldaten gesehen. Sie trugen grüne Uniform und kamen durch das Varlarer Tor. Geradewegs haben sie sich auf den Platz begeben, eine Leiter an die Mauer der Wachstube gestellt und das Wappen unseres Fürsten heruntergenommen. Dann haben sie ein anderes Wappen aufgehängt, das ich nicht kenne. Das kündigt uns an, daß der Landesfürst noch einmal wechselt, und wir erwarten das Eintreffen der Vorhersage.«

Soweit unsere Unterhaltung. Acht Tage später vernimmt man plötzlich vom Lande her den Lärm von einigen Trommeln. Die preußische Kavallerie, die in der Stadt in Garnison lag, steigt Hals über Kopf zu Pferde und zieht sich zurück.

Zwei- oder dreihundert französische Jäger kommen zu dem Tor herein, das nach Varlar führt und das demjenigen, an dem die Franzosen von Natur her hätten eintreffen müssen, gegenüber liegt. Sie begeben sich auf den Platz, stellen eine Leiter an die Mauer, nehmen das Wappenschild des Fürsten von Salm herunter und setzen an seine Stelle das Wappen des Fürsten Murat, Herzogs von Berg, den sie zum Landesherrn der Stadt und der dazugehörigen Gebiete erklären. Das Schriftstück dieses Gesichtes wurde entsiegelt und bestätigte sich in allen Punkten. Der Leser mag davon denken, was er will, aber meine Aussage enthält die Wahrheit.

Guillaume-André-René Baston 1806

Tageslauf eines Hausmädchens auf einem Bauernhof in den Baumbergen um 1930

Ostern 1929 wurde ich aus der Volksschule entlassen. Meine Eltern schickten mich zur Handarbeitsschule, damit ich dort lernte, wie man Schürzen, Unterröcke etc. nähte. Da unsere Familie nicht mit Reichtümern gesegnet war, mein Vater arbeitete bei der Bahn, das Gehalt war sehr gering, und es waren acht Kinder zu ernähren, schickten meine Eltern mich 1929 im Oktober auf den Hof Wichmann. Der Bauer kam mit der Kutsche, um mich, meine paar Sachen und meine Mama, die mich begleitete, zum Hof zu holen. Ich war noch sehr klein und wog 90 Pfund.

Wie kam ich nun dazu, auf diesen Hof als Hausmädchen zu gehen? Das war ganz einfach. Der Bauer Wichmann kam in unser Haus, hängte seinen Handstock an die Wand, und als meine Mutter das bemerkte, sagte sie hellseherisch: Der will was von uns. So war es auch. Er wollte mich zum Arbeiten auf dem Hof, und meine Eltern waren froh darüber. Ich war nicht so begeistert, aber meinte dann, als der Bauer wieder gegangen war, ein wenig traurig: Dann muß ich da man hingehen. Die Frau auf dem Hof war gestorben, und es gab dort sechs Söhne und zwei Töchter. Die Kinder waren älter als ich. Die jüngste Tochter war in einem Pensionat in Ahlen, um die Küche zu lernen. Außer mir gab es noch ein Zweitmädchen auf dem Hof. Wie bereits erwähnt, brachte meine Mutter mich dorthin und wurde anschließend von dem Bauern wieder mit dem Kutschwagen zurückgefahren.

Ich bekam eine Kammer mit einem Bett, in dem Stroh war. Über die Strohlage kam ein Laken. Außerdem gab es zwei Kopfkissen und ein Oberbett. Als ich das zweite Kopfkissen unter den Rücken legen wollte, weil das Stroh so piekste, wurde es mir mit der Bemerkung: ein Kissen unter dem Po sei nicht nötig, weggenommen.

Auf dem Hof kam mir alles so riesig vor, die Küche, die Zimmer, die Stallungen mit 40 Kühen, das alles machte mir Angst. Aber ich lebte mich schnell ein. Morgens um 6 Uhr wurde ich geweckt. Vorher waren aber schon die Söhne des Bauern geweckt worden. Dann ging es mit vier oder fünf Personen in den Stall, um die große Zahl der Kühe zu melken.

Nach dem Melken, um ca. 7 Uhr, gab es den »Fettsoppen«, der aus Kaffee, Knabbeln, Wasser, Butter und Schmalz bestand. Ich mochte diesen Soppen gern und aß meistens zwei »Kümpkes« davon. Nach dem Frühstück mußte ich ganz schnell spülen, dann wurde die Milch in den »Pütt« – sie war nach dem Melken in große Kannen gefüllt worden, – (der »Pütt«, das war ein Brunnen auf dem Hof) –, zur Kühlung hinuntergelassen.

Daraufhin mußte ich einen Eimer Kartoffeln schälen, Gemüse, Kohl oder »Moos« (Grünkohl) im Garten abschneiden, damit alles für das Mittagessen vorbereitet war. Dazwischen gab es Milchkannen zu spülen. Das geschah mit »Imi«, und häufig kam vom Bauern die Bemerkung: »Du brukst nicht soviel te niehmen, ie brukt je nicht to betahlen«.

Gegen neun Uhr gab es ein zweites Frühstück und zwar Weißbrot mit Schinken. Das Essen fand ich sehr gut.

Jede Woche wurden 12 Brote gebacken, riesengroße Weißbrote. Das Backen geschah im »Backs« im Spieker. Das gebackene Brot wurde dann im Keller in einem »Fliegenschrank« aufbewahrt.

Um 11 Uhr wurde zum zweiten Mal gemolken, und das geschah dann am Abend noch einmal. Bis 12.00 Uhr mußte das Melken erledigt sein, dann gab es Mittagessen, in der Regel Durchgemüse, ein Riesentopf damit kam auf den Tisch. Dazu gab es Pfannekuchen, ein ganzer Berg von Mehlpfannekuchen wurde

Backstube

in Viertel geschnitten, und es gab große Stücke Speck. Das Kochen bewachte der Bauer selbst. Nach dem Essen mußte ich die Küche wieder säubern, spülen, Herd scheuern (mit Knochenseife), und dann kam die »Unnerst« bis 2 Uhr. Nach der Ruhezeit ging es im Frühjahr und Sommer nachmittags auf's Feld. Ich mußte den Kaffee für die Feldarbeiter machen und ihn dann heraustragen. Anschließend blieb ich dort und half bei der Arbeit bis ca. 5 Uhr. Ich liebte die Arbeit draußen sehr. Um 5 Uhr mußte ich zum Hof zurück für das Abendessen, immer Milchsuppe mit

Pfannekuchen. Da mußte schon ein rechter Berg davon gebacken werden, denn es waren immer zehn bis zwölf Personen am Tisch.

Zu bemerken ist hier, daß damals beim Essen bei Wichmanns schon ein weißes Tischtuch aufgelegt wurde, darüber wurde ein Wachstuch gebreitet, auf das die Schüssel mit dem Eßbaren gestellt wurde. Nachdem die Küche nach dem Essen wieder aufgeräumt war, hatte ich Feierabend, etwa gegen 7.30 Uhr.

Nach dem Essen wurde jeden Abend der Rosenkranz gebetet. Der Bauer betete vor. Im Monat Mai wurde eine Maiandacht gehalten, alle Hausbewohner versammelten sich am Herdfeuer in der großen Küche oder im Eßzimmer um den Ofen.

Das Waschen war eine ganz besonders harte Arbeit, es nahm mit Bügeln und Flicken etwa eine ganze Woche Zeit ein. Man sagte damals: »Een guet geflickt Hiemd mott elf Pund wiegen.« Die Flicken wurden aufgesetzt, eingesetzt und wieder aufgesetzt. Das machte es möglich, die Arbeitskleidung recht lange zu tragen, man war eben sehr sparsam. Die Oberhemden für den Sonntag hatten ein »Schamiesken« (wir nannten es Spuckbrettchen).

Interessant ist vielleicht noch, daß die Visiten auf den Höfen etwas ganz Besonderes waren. Es wurde dafür geschlachtet, gebacken, gekocht, alle Zimmer wurden geputzt, das Schlafzimmer für übernachtende Gäste befand sich hinter dem besten Zimmer. Es wurde auf das feinste hergerichtet.

Übrigens zur Visite kamen nur auserlesene Leute, Verwandte und spezielle Bekannte, alles große Bauern, sie kamen mit Kutschen, es ging echt vornehm her an einem solchen Tage. Die Nachbarn kamen nie zur Visite, sie kamen nur zu Beerdigungen und Hochzeiten.

Wenn die Ernte vorbei war, im Winter also, bekam ich zu meinem monatlichen Lohn von 10.– RM im ersten Jahr, 15.– RM im zweiten Jahr und 20.– RM im dritten Jahr, dazu einen Kleiderstoff, aus dem eine dem Bauern bekannte Schneiderin mir ein Kleid nähen mußte.

In den Wintermonaten wurde mir aber von meinem Lohn 5.– RM abgezogen, weil es da ja nicht so viel zu tun gab wie im Sommer. Ich war fünf Jahre auf dem Hof Wichmann. Ich habe mich auf dem Hof wie Kind im Hause gefühlt, und trotz der harten Arbeit gefiel es mir. Ich hatte gutes Essen und eine zwar strenge, aber freundliche Behandlung dort.

Vielleicht ist hier noch zu erwähnen, daß in der damaligen schlechten Zeit täglich bettelnde Leute auf den Hof Wichmann kamen. Sie erhielten in der Regel eine Kartoffel und ein Stückchen Speck. Wenn der Bauer weg war, gab ich ihnen auch noch eine große Scheibe Weißbrot mit Schmalz. Wir hatten ja genug davon. Einmal ertappte mich der Bauer bei dieser Handlung. Er tadelte mich und meinte, das sei nicht notwendig, denen auch noch Brot und Schmalz zu geben. Trotzdem tat ich es immer wieder, wenn es mir nur eben möglich war. Und ich bin heute noch froh, daß ich auf diese Weise den Bettelnden geholfen habe. Es hat uns und dem Bauern sicherlich nicht geschadet.

Gertrud Böcker 1997

Die Amme aus dem Münsterland

Ein feuchter Wind, ein kahles Land,
Die Chaise wackelt im Schlamme,
Doch singt es und klingt es in meinem Gemüth:
Sonne, du klagende Flamme!

Das ist der Schlußreim des alten Lieds,
Das oft meine Amme gesungen –
»Sonne, du klagende Flamme!« das hat
Wie Waldhornruf geklungen.

. . . . .

Und denk ich des Liedes, so denk' ich auch
Der Amme, der lieben Alten;
Ich sehe wieder ihr braunes Gesicht,
Mit allen Runzeln und Falten.

Sie war geboren im Münsterland,
Und wußte, in großer Menge,
Gespenstergeschichten, grausenhaft,
Und Mährchen und Volksgesänge.

Heinrich Heine 1844

Der Schloßelf

In monderhellten Weihers Glanz
Liegt brütend wie ein Wasserdrach'
Das Schloß mit seinem Zackenkranz,
Mit Zinnenmoos und Schuppendach.
Die alten Eichen stehn von fern,
Respektvoll flüsternd mit den Wellen,
Wie eine graue Garde gern
Sich mag um graue Herrscher stellen.

Annette von Droste-Hülshoff 1840

Burg Hülshoff
Nordseite mit Park

Schloß Hülshoff – die Heimatburg der Droste

Zwischen Havixbeck und dem Dorf Roxel, unweit der Landstraße, die nach Münster führt, liegt das Wasserschloß Hülshoff im gleißenden Mittagslicht. Bis tief in den Herbst hinein, wenn die Oktobersonne mit spitzen Strahlen in die Büsche sticht, ist das Münsterland ein weit aufgeschlagenes Buch, und wir sind gekommen, einen Tag lang darin zu lesen. Schloß Hülshoff, hinter Bäumen verborgen, gibt sich nicht gleich zu erkennen; wir treten durch ein weißes, sanft geschwungenes Holztor in den Park, doch erst nach einer kleinen Kehre, hinter Stall und Remise, erblicken wir das Gebäude im Wasser. Hier ist Annette von Droste-Hülshoff geboren, sprachmächtigste Dichterin deutscher Zunge, hier lebte sie in ihrem Elternhaus, ein adliges katholisches Fräulein, hier suchte sie, drei Jahrzehnte lang in täglicher Berührung mit dem Münsterschen Lande, die lebhafte Einsamkeit, das fröhliche Alleinsein mit der Natur, wie am vierten Tage der Schöpfung.

So erzählt sie in ihrem Buch »Bilder aus Westfalen« und schildert ihre Landschaft in Bildern, deren fein ausgemalte Details uns auf dem Weg hierher eine Weile begleitet haben. »Die wüsten Steppen haben sich in mäßige, mit einer Heideblumendecke farbig überhauchte Weidestrecken zusammengezogen, aus denen jeder Schritt Schwärme blauer, gelber und milchweißer Schmetterlinge aufstäuben läßt. Fast jeder dieser Weidegründe enthält einen Wasserspiegel von Schwertlilien umkränzt, an denen Tausende kleiner Libellen wie bunte Stäbchen hängen, während die der größeren Art bis auf die Mitte des Weihers schnurren, wo sie in die Blätter der gelben Nymphäen wie goldene Schmucknadeln in emaillierte Schalen niederfallen und dort auf die Wasserinsekten lauern, von denen sie sich nähren.« Wir haben das weiße Törchen hinter uns geschlossen, Wiesen und Tümpel, Heide und Moor liegen jetzt draußen im flachen Land hinter Straßenbanketten und Bachläufen; hier, im Park von Schloß Hülshoff, ist die Natur sanft gebändigt, es herrscht der anmutige Wechsel von geometrischer Ordnung und locker gegliederten Wald- und Rasenstücken. ...

Die Rosen sind kurz geschnitten, die Beete glatt geharkt, der Rhododendron protzt mit dicken Knospen, doch sie sind, so spät im Jahr, nicht wieder ausgeschlagen. Auf halbhohem Podest steht die Bronzebüste Annettes, Haarkranz und Schillerlocken rahmen das schmale Gesicht mit scharfer Kontur. Wie oft mag sie hier herumgesprungen sein als Kind, Blumen gepflückt, Beeren gegessen, Käfer gefangen haben, wie oft mag sie den Wunsch gehabt haben, »sich tief hinten im Garten versteckt die Strümpfe auszuziehen und mit bloßen Füßen umherzulaufen, ganz wie es die beneideten Kötterkinder tun durften«.

Annette liebte den Garten, das Schwellen der Blüten, das Rauschen der Bäume, das ungestüme Gewimmel der Kreatur. »Süßer Taumel im Gras« heißt eine Zeile in einem späten Gedicht. Zart, zerbrechlich, immer kränklich, von hartnäckigen Katarrhen gequält, früh verbraucht und ausgezehrt, steigerte sie sich hin und wieder in wilde Räusche, in lyrische Ekstasen, die sie nur mühsam, dann aber in herben, strengen Gedichten bändigte.

Drei Jahre vor ihrem Tod denkt Annette an ihr erstes Gedicht zurück, daß sie hoch oben im Schloßturm in einer Balkenspalte versteckte:

Da klomm ich sonder Harren
Hinan den Zinnenring,
Und in des Daches Sparren
Barg ich ein heimlich Ding.
Das sollten Enkel finden,
Wenn einst der Turm zerbrach:
Es sollte etwas künden,
Das mir am Herzen lag.

Die Wetterfahne auf der Spitze des Turms weist nach Osten, ein leichter Wind bläst über das Dach, doch am Boden rührt sich kein Halm, kein Zweig, kein Glied. Das Schwanenpaar ist längst im Blätterdunkel verschwunden , wir umrunden das Rosenrondell und wenden uns dem kleinen Waldstück zu, das der Rückseite des Schlosses gegenüberliegt. Es ist schon später Vormittag, die Sonne steht hoch über dem Dachfirst, ein letztes Frühwölkchen löst sich am Himmel auf, es scheint, als zerfließe es im Blauen. In ihrem Gedicht »Im Grase« sagt Annette, die Wolke verrauche im Azure, nun sei sie selbst umhaucht vom Duft der Kräuter, umgaukelt von süßem Lachen, in tief trunkene Flut getaucht.

Auch wir spüren etwas von diesem Taumel, diesem verzückten Strahl, der über Gräser und Gräben gleitet. Wir kehren uns

Burg Hülshoff
Gärtnersturm

wieder nach dem Wasser hin, wo sanftes Glucksen den Klang unserer Schritte mildert. Die Brückengeländer sind weiß vom Seidenglanzlack, die Wassergräben grün von Entengrütze; auf den Geländern sitzen die trunkenen Mücken im Licht, auf der Wasserfläche schwimmen die ersten gelben Blätter.

Ja, alles ist weiß und grün, eine blanke Säule, ohne Fuß und Architrav, steht verloren in der Wiese, Schilfkolben, von Algen besäumt, ragen aus den Wasserlöchern. Ein Truthahnpaar stolziert über die Wiese, das Männchen reckt seinen grüngoldenen Hals in die Sonne und läßt sein blechernes Schnattern hören, das von den Wänden widerhallt.

Immer noch ist es der Garten Annettes, immer noch spürt man den Hauch ihrer Person, glaubt man den Klang ihrer Stimme zwischen den Rosen, den Kräutern und den Gräsern zu hören, den Abdruck ihres Kinderschuhs im Grase zu erblicken. »Komm, liebes Hähnchen, komm heran / Und friß aus meinen Händen; / Nun komm, du lieber kleiner Mann, / Daß sie's dir nicht entwenden«, schreibt sie, siebenjährig, und das Hähnchen, dessen Krähen jetzt vom Wirtschaftsgebäude her zu vernehmen ist, bleibt unsterblich in Annettes Kindergedicht.

Die beiden Gärtner haben ihre Arbeit im Rosenbeet vollendet, sie laden Spaten, Harke, Baumschere in ihre Schubkarre und fahren den Kiesweg herab zum Wasser. Sie haben ihre Blaujacken aufgeknöpft, die Mittagssonne brennt auf ihre Brust, sie recken ihre Glieder und lassen ihre Muskeln spielen. Es sind keine Erlkönige aus dem Moor, keine Hausgeister in altmodischer Tracht, nicht der diebische Torfgräber, nicht der kopflose Geiger; sie tragen ihre Hemdkragen offen, ihren Kopf ohne Mütze und schlendern mitten durch den Park, man könnte ihren Spaziergang für eine philosophische Promenade halten, so aufmerksam sind sie in ihr Gespräch vertieft. Oder sind sie nicht doch verkleidete Waldschrate aus dem Rüschenfeld? Sie seien einsamer, träumerischer Natur, schreibt Annette von ihren landmännischen Kobolden, »schreiten, wenn es dämmert, wie in tiefen Gedanken langsam und schweigend an irgendeiner verspäteten Milchmagd oder einem Kinde vorüber und sind ohne Zweifel echte Münsterländer, da man kein Beispiel hat, daß sie jemanden beschädigt oder absichtlich erschreckt hätten.«...

Ludwig Harig 1974

Ritt auf dem Pegasus

Ritt ein zierliches Fräulein vom Schlosse
Gern scharf auf dem Pegasusrosse.
Ihren Clan störte das;
Oft vermiest' er den Spaß,
Doch das Fräulein blieb fest auf dem Rosse.

Ritt zum Schwäbischen Meer,
Levin fuhr hinterher,
Wurd' mit List und Courage
Ihr dienender Page,
Und da dichtete sie noch viel mehr.

Der Jüngling ohn' fleischliche Sünden
Tat Reben zum Kranze ihr binden.
Sie erklomm den Olymp,
Ohne »Schau«, ohne »Strümp«,
Doch am Ende mußt' Levin verschwinden.

Anne Domrav 1997

Rüschhaus-Zauber

Besonders ergriffen stehen wir vor dem Landhause Rüschhaus, das sich Schlaun eine Stunde von Münster baute, und nach welchem der Generalmajor und Kommandant der Artillerie sich Herr zu Rüschhaus nennen durfte. Da liegt zwischen dunklen Eichen, zwischen Wiesen und Hecken ein altes westfälisches langgestrecktes Bauernhaus mit breitem Torweg, geräumiger Diele und umfangendem Dach, durch einige wohlangebrachte geschweifte Linien mit dem Gepräge des Erbauers versehen und in die Region durchdachter Kunst gehoben. Es ist ein schönes Zusammentreffen, daß das Haus des genialen Architekten, der am liebsten westfälischen Dialekt sprach, später von der großen westfälischen Dichterin, Annette von Droste-Hülshoff, bewohnt wurde. Das zarte Fräulein mit den Nixenaugen, das in Münster im alten Drostehause am Krummen Timpen abstieg, der Straße mit den verschwiegenen, bröckelnden Palästen, ließ in ih-

Haus Rüschhaus, Gartenseite

ren Dichtungen noch einmal erstehen, was der Heimat ihrer Väter eigentümlich war: die zusammengehende Form voll gebändigten Feuers, das zuweilen in stolzer Flamme hervorschlägt, das Aroma von Weihrauch und Lindenduft, die Melancholie und der Hochmut des Adels, der verpflichtet, und die dämonischen Gestalten, die durch die dämmernde Heide schwanken, aus der Mimigerneford, der Hügel des Heiligtums, schicksalsvoll aufsteigt.

Ricarda Huch 1927

Radeln und Wandern über den Rücken der Baumberge

Ein Museum mit einer Wanderroute zu verknüpfen – welch eine phantastische Idee! Das Museum erweitert sich zum landschaftlichen, kunsthistorischen und volkskundlichen Erlebnisraum, wandert mit. Und dem Wanderer beantwortet es Fragen, die sich ihm unterwegs stellen, komprimiert anschaulich Information und öffnet den Blick für sonst Übersehenes, zumindest nicht bewußt Wahrgenommenes.

Blick auf die Baumberge

Die Rede ist hier vom Sandsteinmuseum in Havixbeck und von einem Stück Münsterland, welches eher liebevoll-ironisch als Gebirge bezeichnet wird: die »Baumberge«, direkt vor Münsters Haustür gelegen.

Wer kennt sie hierzulande nicht, diese sanften, sich bis zu 187 m Höhe türmenden, waldigen Höhen, die einen viele Millionen Jahre alten Schatz bergen, den »Baumberger Sandstein«. Der feudalen, bürgerlichen, kirchlichen und ländlichen Architektur

gibt dieser Stein seit Jahrhunderten Gesicht und Charakter. An Fassaden, aber auch massiv, als Fenster- und Türeinfassung, gliederndes und schmückendes Element wurde und wird der cremefarbene, zuweilen ins Graue spielende Stein verwendet.

Münsteraner Bildhauer wie die beiden Brabenders im 16. Jahrhundert, später im 17. und 18. Jahrhundert die Gröningers und andere, weniger bekannte Meister schufen anmutige charaktervolle Skulpturen aus dem weichen, gut zu bearbeitenden Stein. Doch nur auf dem Humus der weniger bedeutenden, aber ihre Kunstwerke liebevoll gestaltenden Handwerker entfaltete sich die große Kunst der Bildhauer. Und gerade auf diese einfachen bäuerlichen Bildstöcke mit ihren Szenen aus der Bibel macht die Sandsteinroute den Rad- und Fußwanderer aufmerksam.

Da begibt sich das Jesuskind zwischen seinen Eltern auf den Weg nach Jerusalem, weinen die heiligen Frauen bei der Grablegung Christi, steht eine gedrungene Mutter Gottes und ein etwas zu kurz und plump geratener Jünger Jesu unter dem Kreuz. Eine betörend schöne, fein ausgearbeitete Salome empfängt das Haupt Johannes des Täufers, während der heilige Mann kopflos ihr zu Füßen liegt. Auf der Landstraße von Havixbeck nach Billerbeck rasen die Autos daran vorbei, auch an jenem wunderbaren gotischen »Poppenberger Steinkreuz« und anderen Kostbarkeiten.

Poppenberger Kreuz

Die meisten verbergen sich in den lichten Buchenwäldern, an deren klaren Bächen sich der Weg entlangschlängelt.

Am Tor des Reiterhofes Schleithoff, seit dem 13. Jahrhundert in Familienbesitz, halten zwei populäre Heilige Wacht: Johannes von Nepomuk und ein asketischer Johannes der Täufer. Manche Reliefs an Wegstationen, besonders die alten, aus dem 17. und 18. Jahrhundert stammenden Skulpturen, sind verwittert, weil der weiche, feinkörnige Kalksandstein anfällig ist gegen die Kräfte der Erosion – Regen, Sonne, Wind. Doch so erhalten gerade diese alten Bildnisse ihre archaische Würde.

Aus dem vielfältigen Grün der Wiesen und Wälder, der Äcker und Haine heben sich die hellen, fein gefugten Fassaden stattlicher Bauernhöfe ab, im Unterschied zum sonst üblichen Klinker. Oft ergänzen sich beide zu fröhlichem Rot und Gelb. Auch Gasthäuser wirken in diesem Schmuck besonders einladend. Der Gast betritt eine behagliche Gaststube mit kachelverziertem Kamin und blitzender Theke und ist bald aufgenommen in die Runde der Einheimischen, die nach dem Kirchgang ihren Frühschoppen nehmen. Man bekommt etwas mit von ihren Problemen.

Unterwegs ist es leicht, ins Gespräch zu kommen mit dem Bauern, der einem bereitwillig die Geschichte der vornehmen Laurentiusfigur an seinem Hof erzählt. Den Hof traf am Ende des Krieges

Stillgelegter Steinbruch bei Schapdetten

Blick von den Baumbergen in Richtung Nottuln

eine Bombe, die Skulptur blieb erhalten. Erhalten blieb auch das Handwerk der Steinverarbeitung. Auf dem Hof der Steinmetzwerkstatt Fark bei Havixbeck lagern gewaltige gelbe Sandsteinquadern, aus denen Profanes wie Frommes gearbeitet wird.

Neugierig geworden auf diesen Stein an seiner Geburtsstätte, suchen wir auf der Landstraße, die über den Rücken der Baumberge zu ihrer höchsten Erhebung, dem Longinusturm führt, die Steinbrüche. Eine geschlossene Schranke wirkt verdächtig – der Weg dahinter führt tatsächlich in den aufgerissenen Bauch des Westerberges – zum Steinbruch Fark. In vielen verschiedenfarbigen Schichten liegt das Gestein, flößen die goldgelben Riesenbrocken, grob behauen, zwischen grünenden Birken Ehrfurcht

Haus Runde, ehemaliges Brau- und Lagerhaus

ein. Ein gewaltiger Kran hält Sonntagsruhe. An einem Werktag sollte man wiederkommen, hat eine Birke uns zugeflüstert – zum Zuschauen.

Tatsächlich ist die 215 km lange Sandsteinroute nicht nur ein Wochenende, sondern einige Tage des Erkundens wert. ...

Im kühlen waldigen Grund entdeckten wir, von den Baumbergen hinabbrausend, Haus Runde. Diese altersgraue, wenig bekannte Wasserburg bäuerlichen Charakters liegt, von der Gräfte umschlungen, auf einer Insel. Beim Umschreiten begibt sich ein großer Schwan würdevoll ins Wasser. Das Ensemble!

Nach zwei Radeltagen auf der Sandsteinroute hatten wir uns nicht nur körperlich, sondern auch geistig und seelisch auf angenehme Weise »ertüchtigt« und zu allem Überfluß dabei noch umweltgerecht verhalten. ...

Brigitte Macher 1985

Aufsteigende Ballons

Lektion in Burgen- und Schloßarchitektur beim Flug übers Münsterland

Dann die letzte Etappe unserer Tour entlang den Horizonten des Münsterlandes. Im letzten Licht des verdämmernden Tages noch einmal eine Lektion in Burgen- und Schloßarchitektur, wie wir sie heute schon mehrmals gelernt haben. Wieder wird mir sehr bewußt, was Wolfgang Weyrauch meinte: »Daß man ohne das Fliegen nicht mehr auskommt, wenn man einen landschaftlichen oder zivilisatorischen Komplex einigermaßen komplex (bleiben wir beim Wort) darstellen will ...« In unserem Fall, an diesem Abend im August, heißt das: Wir werden in den Stand gesetzt, die denkbar unterschiedlichsten Formen der Häuser im Wasser auf engstem Raum zu sehen und Vergleiche zu ziehen.

Kakesbeck zunächst, die alte Burg an der Stever; unregelmäßig, ohne erkennbaren »Generalplan« *einer* ordnenden Hand, *eines* Erbauerwillens sind die Bauteile von Hauptburg und Vorburg in Jahrhunderten zusammengewachsen. Sie liegen in einem ebenso unregelmäßigen System aus Gräben, Teichen, Steverfluß. Vieles ist untergegangen, an manchem wird seit Jahren rekonstruierend wieder gebaut.

Nur wenig weiter, ebenfalls auf Lüdinghauser Stadtgebiet, ein gänzlich anderes Bild. Fast kreisrund rollt die Hauptburg von Vischering sich zusammen wie ein Igel, wehrhaft-abweisend nach allen Seiten, seit rund 700 Jahren schon. Eine Holzbrücke führt zur Vorburg, die wiederum einen geometrisch klaren, nun aber trapezartigen Grundriß hat. Und selbst der Hausteich, von dessen schützendem Wasser beide umgeben sind, zeigt in seiner Tropfenform Regelmäßigkeit. – Steverabwärts ein wenig, dann drängt sich geradezu ein neuer Kontrast in unser Blickfeld. Es ist Schloß Nordkirchen, etwas emphatisch das »Westfälische Versailles« genannt. Immerhin, wir haben es mit Westfalens weitläufigstem Barockschloß zu tun. Von Süd nach Nord dehnt sich die gewaltige Anlage fast vierhundert Meter, und bei solchen Ausmaßen mildert nicht einmal die ansonsten alles verkleinernde Höhe unseres Flugs den Eindruck der Gigantomanie – jener Bauwütigkeit, mit der Fürstbischof Friedrich Christian von Plettenberg ab 1703, drei Jahre vor seinem Tod, den Zeitgenossen die Macht und die höfische Herrlichkeit seines Amtes demonstrieren wollte. Alles steigert sich in der Längsachse auf das zweigeschossige Schloß hin; Torpfeiler, Brücken, Pavillons, die gesamte ekkig-geometrische Pracht der Teiche, Gräben und parkartigen Gartenanlagen dient dem einzigen Ziel, das riesige Haus zu überhöhen, in dem »Er« sitzen wollte, der Fürstbischof, der dann doch schon fast 30 Jahre unter der Erde lag, als Nordkirchen 1734 fertiggestellt wurde.

Mag die Farbkomposition aus dem Blauschwarz der Schieferdächer, dem Ziegelrot und Sandsteingelb der Bauwerke darunter, dem schimmernden Grüngrau der Gräften Harmonie von Schloß und Landschaft, Architektur und Natur vortäuschen – gerade die Vogelperspektive verdeutlicht, daß hier für münsterländische Verhältnisse ein wenig hochgestapelt wurde. Das überlange Rechteck dort unten will nicht so recht passen in ein Land der bürgerlich-

Burg Vischering

Schloß Nordkirchen

bäuerlich-bescheidenen Maße. Mein Pilot empfindet das auch; er ist ein erfahrener Praktiker auf dem Gebiete des Bauens.

Schloß Westerwinkel, unser nächstes Ziel, zeigt ein gänzlich anderes Gesicht. Auch hier dient wieder der Blick von oben als Maßstab: Westerwinkel unterwirft sich der grünen Landschaft ringsum, wird aufgenommen von ihr, sprengt sie nicht entzwei; jedenfalls nicht bis zu der Linie, mit der die Autobahn »Hansalinie« das Münsterland durchschneidet. Streng eckig ist der Grundriß auch dieses imposanten Bauwerks. Aber allenthalben ist zu spüren, daß Westerwinkel – es entstand ab 1663 in seiner heutigen Form – in der Zeit des Frühen Barock geplant wurde.

Schloß Westerwinkel

Kein überflüssiges Dekor in Form teurer Reliefs, keine Verspieltheiten, keine axiale Ausrichtung auf das Schloß hin; die vier Flügel des Haupthauses fügen sich zusammen zum schier unüberwindlichen Verteidigungskomplex. Es ging 1663 weniger um Repräsentation als um sicheres Wohnen auf der Ostinsel, die in Form und Abmessung der Westinsel ähnelt. Wälle, Vorburg und doppelte Gräfte verstärken den Eindruck des Defensiven; zur Bauzeit waren nicht die blutigen Zeitläufte des Dreißigjährigen Krieges, waren nicht einmal die schweren Fehden des 15. und 16. Jahrhunderts vergessen.

Rainer A. Krewerth 1982

Zu viel Touristenluxus?

Aber wo bleibt bei der großen Umrüstung des Landes das *Dörfliche* mit seinen Spezifika? Mit Fleiß, Eigeninitiative und demokratischer Gemeinschaftsarbeit, mit deutscher Gründlichkeit und Perfektion werden die adretten Dörfer geputzt und poliert, werden die aus dem Grün so anmutig leuchtenden Fachwerkhäuser restauriert und gewaschen. Der Blumenschmuck ist so üppig, daß auch der letzte Misthaufen darunter verschwindet. Die Bauern, ob im Dorf oder auf Einzelhöfen, bauen Schwimmhallen und werden Zimmervermieter, wenn auch das Bedienen schwerfällt. Nicht nur Ponyhöfe, Reitställe, Schwimmbäder, Bocciabahnen, Minigolfanlagen, Schutzhütten und Kinderspielplätze mit Holzhäusern oder ganzen Miniaturdörfern sind überall, auch kilometerlange Wanderwege, *Pättkes* für Radfahrer, Waldlehrpfade und die Vita-Parcours oder Trimm-dich-Pfade mit obligatorischen Hürden werden angelegt und Kneippbecken am Dorfplatz, der zum Dorfpark, und sei er noch so klein, umstilisiert wurde.

Die Dörfer und kleinen Städte profitieren davon, daß durch die Schulreform manchmal sehr hübsche und sehr neue Schulen leerstanden und sich in Informationszentren der neuen, wie Pilze aus der Erde geschossenen Verkehrsvereine umfunktionieren ließen, zu Gästehäusern für Regentage, zu Heimatmuseen, Kindergärten und Fremdenpensionen, wodurch die Fehlinvestitionen wenigstens einigermaßen aufgefangen werden. Sowohl Hallenbäder als Jugendzentren und Jugendherbergen sind mit einem Aufwand gebaut, der mehr zu den Allüren eines Luxusstaates als eines Wohlfahrtsstaates paßt. Sie ließen sich gewiß genauso funktionell und etwas bescheidener errichten, dafür aber in größerer Zahl.

In der alten Glockengießerstadt Gescher im Westen des Münsterlandes, das wie das Siegerland noch westfälisches Touristenland in Reserve ist gegenüber dem Sauerland, dem Teutoburger Wald und dem Tecklenburger Land, vermieten findige Köpfe nach dem Motto »Man muß nur etwas anbieten« die nicht mehr gebrauchten Heuleiterwagen für Kaffeefahrten und laden die Besucher in eine der letzten Glockengießerwerkstätten ein, die

noch, wie von Schiller beschrieben, ihre mittelalterliche Handwerkskunst des komplizierten Bronzegusses üben. Jeder, der eine Idee hat, sucht Mäzene oder staatliche Gelder, um sie in die Tat umzusetzen. So entstand unweit von Gescher bei Metelen ein Münsterländer Vogelpark mit vielen Exoten. Es gibt anheimelnde Idyllen und spielerischen Kitsch in Fülle für das Seelen-Camping.

»Muß überall auf den Dörfern etwas passieren? Wer weiß denn, ob so strammes Mühen sich nicht schon nach einer Generation als Farce herausstellt?« fragen die Anti-Erschließer.

Eka von Merveldt 1974

Der liebe alte Fußweg

Was ich jetzt in der Heimat ganz besonders vermisse, das ist der Fußweg, der früher so lustig und unermüdlich durch alle Wiesen und Kämpe und Felder lief und immer an den schönsten und lauschigsten Plätzen vorüberführte. Wo ist er geblieben? Wer geht heutzutage noch zu Fuß? Alles läuft auf Rädern durch die Welt, und es kommt noch so weit, daß die Menschen das Gehen verlernen und als Rädertierchen zur Welt kommen. Meine selige Mutter erzählte, daß sie als junges Mädchen zu Fuß nach Münster gelaufen sei, sieben Stunden Weges, und an demselben Tage wieder zurück, ohne sich auf diese Leistung etwas einzubilden. Heute muß alles schnell gehen, und die Vehikel überbieten sich in der Geschwindigkeit; auch die Arbeit geht schnell mit Hilfe der Maschinen. Man spart viel Zeit, und ich habe darüber nachgedacht, wie es kommen möge, daß unsere Welt trotzdem niemals Zeit hat. Ich bin bis auf diesen meinen alten Tag ein passionierter Fußgänger geblieben, aber ich muß zu meiner Betrübnis bemerken, daß auf die Fußgänger keine Rücksicht mehr genommen wird. Die alten Fußwege sind allmählich verschwunden, immer mehr, und die bequemen Verbindungen auch. Die Schlagbäume sind geschlossen, die Holwen [*münsterländisch für Überstieg*] und Überstiege womöglich mit Stacheldraht übersponnen, Pförtchen und Drehkreuze findet man kaum noch. Man muß sich mühselig durchschlagen, sobald man die langweiligen Chausseen und Fahrwege verläßt. Für den Fußgänger hat unsere Heimat nicht bloß viel Bequemlichkeit, sondern auch viel Schönheit verloren. Der liebe alte Fußweg ist ebenso wie die Wallhecke auf kümmerliche Reste zusammengeschmolzen.

Der liebe alte Fußweg! Ich muß noch einmal auf ihn zurückkommen, auf den alten Jugendfreund. Wie gemütlich und gemächlich lief er durch das grüne Land, am liebsten entlang den Hecken unter den wilden Rosen, sanft und eben. Kam eine seichte, feuchte Stelle, dann legte er flache Trittsteine dahin; kam eine Hecke, dann sorgte er für eine Holwe und setzte ein Bänkchen davor zum leichteren Übersteigen, oder kam ein breiter Graben oder gar ein Bach, dann hatte er ein zuverlässiges Brücklein gebaut mit einem sicheren Geländer zu beiden Seiten. Alles war so

menschenfreundlich. Er machte sich auch nichts daraus, mitten durch das hohe Korn zu laufen, daß die schweren Ähren sich querüber neckisch zuneigten, wozu die blauen Kornblumen und der rote Mohn herzlich lachten. Er liebte die kleinen Feldgebüsche, durchkreuzte gern ihren Schatten und wußte die anmutigsten und lauschigsten Plätzchen zu finden, als wäre er eifersüchtig darauf bedacht, dem Wanderer die verborgensten und intimsten Reize der Heimat vorzuführen. Der Fußweg war fromm und ließ kein Wegkreuz und keinen Bildstock unbeachtet. Langsam schritt er daran vorbei, als wollte er auf das Kniebänkchen davor hindeuten und zu einer andächtigen Rast einladen. Oft winkte auch vom Fußnagel des Kreuzbildes ein blaues Tremsenkränzlein, das eine Kinderhand mühsam hinaufgehißt hatte, und die Schmerzhafte Mutter schaute stillächelnd über die sieben Schwerter hinweg auf die flammenden Irisblüten, die zu ihr emporzüngelten.

Augustin Wibbelt 1946

Wohnen am Wasser – Haus Welbergen

An die hundert große und kleine, mittelalterliche und barocke, klassizistische und biedermeierliche, stattliche und bescheidene, romantische oder nüchtern wirkende, wohlerhaltene und vergammelte Wasserburgen und Schlösser gibt es im Münsterland. Einige sind in aller Munde wie das »Westfälische Versailles«, Schloß Nordkirchen, oder die Geburtsstätte der Dichterin Annette von Droste-Hülshoff, Burg Hülshoff, und natürlich die altersgraue pittoreske Burg Vischering in Lüdinghausen.

Von den zahlreichen, weniger bekannten, besonders hübschen und auch zugänglichen Wasserburgen sei hier die Wasserburg Welbergen im westlichen Münsterland vorgestellt. ...

Welbergen, ein alter, bereits 1282 urkundlich erwähnter, westfälischer Adelssitz in der Nähe von Burgsteinfurt (das selber ein

Haus Welbergen, Torhaus

berühmtes Wasserschloß besitzt), repräsentiert den Typus Wasserburg sehr rein. Wie auf Burg Hülshoff und vielen anderen Burgen, stehen Wohnbau und Wirtschaftsgebäude auf zwei gesonderten Inseln, wobei das Herrenhaus als »festes Haus im Wasser«

Haus Welbergen, Eckturm an der Gräftenmauer

auf einem Pfahlrost oder festem Fundament ruht. Diese aus praktischen Gründen im Mittelalter erfundene Verteidigungsanlage verleiht den Wasserburgen ihren Reiz. So liegt Welbergen eingefriedet von seiner Gräfte, auf der im Sommer Wasserrosen schwimmen und im Herbst wie goldene Taler die gelben Blätter der Buchen und Eichen. Das ganze Ensemble mit Wassermühle, Torhaus, Brücken und Ecktürmchen an den umkränzenden Wällen und dem schlichten Haupthaus umschreitet man unter ständig wechselnden Perspektiven, das stete Murmeln des die gesamte Anlage speisenden Gauxbachs läßt sich als Wassermusik vernehmen. Der Besucher durchstreift das Torhaus und erblickt hinter Rosenrabatten und sommerbunten Stauden das stilvolle Herrenhaus, einen klinkerroten Renaissancebau. ...

Welbergen gehört einer niederländisch-deutschen Stiftung und dient dem Kulturaustausch beider Länder bei Tagungen und kulturellen Veranstaltungen. Wer es schafft, ... innerhalb einer vorangemeldeten, geführten Gruppe die geheiligte Schwelle des Hauses zu überschreiten, findet hier ein zwar nur zum kleinen Teil originales, aber geschmackvolles Interieur mit rustikal-antikem Mobiliar, Keramik, Porträts der ehemaligen Burgherren und -damen und – die Spuren einer Frau: Berta Jordaan-van-Heeks, die sich als begabte Amateurmalerin in das verfallene Schlößchen verliebte, es 1929 erwarb und behutsam restaurierte. Ihre Aquarelle und einiges Mobiliar schmücken das Haus und setzen innerhalb des altväterischen Inventars einen femininen Akzent.

Spuren eines bedeutenden Mannes, des 1787 hier zu Gast weilenden Philosophen und Antiaufklärers Johann Georg Hamann, finden sich im ältesten Teil des Hauses, am Herdfeuer, wo der erlauchte Geist nachdachte und sich aufwärmte, denn seine geschwächte Gesundheit litt unter der Feuchtigkeit. ...

Brigitte Macher 1986

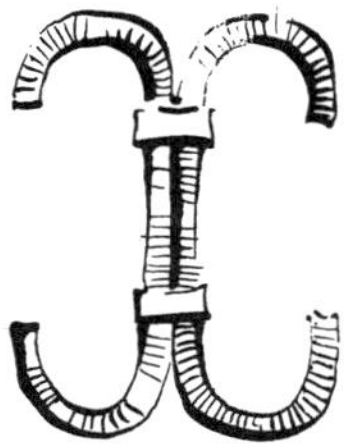

Burgsteinfurt, Blick über die Schloßgräfte zum Ortskern

Kleinod im Vergnügungspark
Das Bagno in Burgsteinfurt

Graf Karl liebte die Musik. Was lag also näher, als ihr einen Tempel zu bauen? Pläne waren schnell gemacht, und die hatten es in sich: Graf Karl Paul Ernst von Bentheim-Steinfurt, der den Winter gerne in Paris verbrachte, war von den neuesten Modetrends in Sachen Baukunst, Möbel und »savoir vivre« inspiriert, als er im April 1773 begann, in einem Wald in der Nähe von Burgsteinfurt ein Konzertpalais errichten zu lassen. Heute, 225 Jahre nach Vollendung des Palais, ist die Konzertgalerie Bagno der älteste freistehende Musiksaal in Europa.

Bagno, Fenster des Konzertsaals

Dabei hätte nicht viel gefehlt und das Kleinod wäre dem Zahn der Zeit zum Opfer gefallen. Schon 1806 setzte mit dem Einmarsch Napoleons der Verfall des prächtigen Lustgartens ein, in dem die Konzertgalerie neben exotischen Tempeln, Wasserspielen, Tee- und Badehaus nur eine edle Blüte war. Die schlechte Qualität des Baumaterials und die mangelnde Nutzung waren schuld daran, daß der Glanz der Zeit, als die 40 Hofmusiker von Graf Karl noch die neuesten Kompositionen von Haydn spielten, schnell verblaßte. Als Pferdestall und Tabaklager mußte die Konzertgalerie herhalten. Hier und da wurden zwar kleine Reparaturen durchgeführt, doch waren diese nur Flickwerk angesichts der Schäden, die sich im Laufe der Jahrhunderte in das Bauwerk gefressen hatten.

Eine traurige Geschichte, hatte doch der Graf nicht an Luxus und Pracht gespart, um seiner geliebten Musik ein Haus zu bauen, eingebettet in den barocken »Bagno-Vergnügungspark«, der keinen geringeren als den Versailler Schloßgarten zum Vorbild hatte. Eintritt wollte der Graf nicht erheben, dafür erwartete er jedoch, daß das Publikum »wohl gekleydet« durch den Garten flanierte.

Daß es sich bei dem Vergnügungspark ebenso wie bei der »Grande Gallerie pour les Concerts« nicht um stilreine Gebilde handelte, wird die Gäste wohl nicht gestört haben. In der Konzertgalerie verbinden sich Elemente des Frühklassizismus mit denen des Rokoko: Außen die strenge Fassadengliederung, innen der bunte Stuck und die reich verzierten Grotten. Ein Stilmix, der die Liebe des Grafen für architektonische Spielereien offenbart.

Heute erstrahlt die Konzertgalerie Bagno nahezu wieder in ihrem alten Glanz. Drei Jahre arbeiteten Restauratoren an dem Baudenkmal. Vor allem im Innern des Saals warteten Aufgaben, die Geschick und Geduld erforderten: Hier mußte der größte Teil der Stuckdekoration rekonstruiert werden. Möglich war das dank Fotos, die selbst schon als antik gelten, weil sie zur Zeit der Jahrhundertwende entstanden.

1997 wurde die Konzertgalerie wiedereröffnet, und seitdem hat sie sich mit Musikern der Weltklasse unter Kennern der klassischen Musik einen Ruf erspielt, der sicher auch dem Grafen von Bentheim-Steinfurt geschmeichelt hätte.

Claudia Miklis 1999

Schrecken des Dreißigjährigen Krieges in Saerbeck

Am 10. Juli [1628] hatten die Truppen Nachtquartier in Handorf bezogen und Havekenscheid wollte sie am folgenden Tage durch die Heide unter Umgehung von Greven und Saerbeck in Richtung Riesenbeck weiterführen. Der Rittmeister Don Pedro d'Aquillera und der für das Fußvolk zuständige Hauptmann Moyron wählten aber eigenmächtig den Weg durch die Dörfer, und sie plünderten bei den Bewohnern alles, was man ihnen nicht freiwillig gab.

Gegen Mittag kamen sie in Saerbeck an und forderten Nachtquartier. Das wollte man ihnen jedoch nicht ohne weiteres gewähren, da der üble Ruf von Plünderungen und Brandschatzungen den Söldnern vorausgeeilt war. Man hatte die waffenfähigen Saerbekker Männer bereits zum Selbstschutz zusammengerufen. Sie standen mit Feuerrohren im Dorfe bereit. Der Schlagbaum am Dorfeingang war geschlossen.

Der Saerbecker Pastor Reinhard zum Wolde, Jan Köster, Schulte to Niehoff und Schulte Mönninghoff versuchten, mit Angeboten von Brot, Bier und Geld Don Pedro und seine Offiziere zum Weiterziehen zu bewegen. Doch die ließen sich auf keine Bitte ein, und als dann einige angetrunkene Saerbecker die Spanier zu allem Überfluß mit großen Sprüchen reizten, waren alle Verhandlungsversuche zu Ende.

Trompeten schmetterten und das Fußvolk rückte zum Angriff vor. Die Saerbecker zogen sich auf den Kirchplatz zurück, wo sich bald Bauern und Soldaten gegenüberstanden. Die Soldaten eröffneten das Feuer. Nach kurzem Widerstand mußten die Saerbecker der Übermacht weichen und flüchteten in die Kirche, wo sie sich sicher glaubten.

Die Soldaten stürmten ihnen nach, brachen die Kirchentür auf und metzelten nieder, was sich nicht auf den Turm hatte retten können. Mit herbeigeschlepptem Stroh versuchten die Soldaten, die Leute auf dem Turm auszuräuchern. Die Offiziere hinderten die fanatischen Landsknechte jedoch daran und vertrieben sie auch aus der Kirche. Daraufhin begannen sie jedoch, das Dorf und die umliegenden Höfe zu plündern. 16 Tote wurden aus der Kirche getragen und neun Schwerverletzte starben bis zum anderen Tag.

Anton Gerdemann 1998

St. Georg heute

Haus Nyland

»Haus Nyland« ist zwar seit Jahrzehnten ein literarischer Begriff; doch wohl nur wenige wissen, wo es »auf der Landkarte« zu finden ist. Also: Dieses Haus, in dem der in Rheine geborene Josef Winckler aufwuchs, steht im Dorf Hopsten, nur wenige Kilometer von Wincklers Vaterstadt entfernt; es ist ein Fachwerkbau voll anmutigem Zauber. Hier gründeten der Knappschaftszahnarzt Winckler, der Universitätsprofessor Wilhelm Vershofen und der Studienrat Jakob Kneip den Dichterbund der »Werkleute auf Haus Nyland«, der seinen Mitgliedern zur Pflicht machte, auch einen praktischen Beruf auszuüben, sich erst einmal selbst in täglicher Pflichterfüllung zu ertüchtigen. Alle diese Männer beherrschte das Bewußtsein, »am Anfang einer riesigen werktätigen Epoche zu stehen«, und sahen hier für den Dichter moralische Aufgaben. – Richard Dehmel war Ehrenmitglied des Bundes, Walther Rathenau sein Förderer.

Ruth Walther 1957

Die Tödden

Doch wer waren nun die eigentlichen »Tödden« – ? ... Man leitet den seltsamen Namen ab von Tjödden, das ist eine Art von Zugvögeln, denn die Kaufleute dieses Namens waren Zugvögel in des Wortes verwegenster Bedeutung. ...

Am natürlichsten aber scheint mir die Auffassung, auch alle diese Kaufmannsscharen trieb nackter Existenzkampf aus der Heimat, die, an Bodenschätzen arm, damals keinen Happen Brot zuviel ihrer Sippe gewähren konnte! Mögen sich Auswärtige hinzugesellt haben, sich vermischt haben mit den Westfälingern – die Geißel einer namenlosen Not trieb sie vor sich her wie Bienenschwärme in reichere Gegenden, wie Heuschrecken wandern, wie – Zugvögel! ...

Die »Tödden« zogen aus unserer Gegend meist über Voltlage durch die Lüneburger Heide in hohen Seehundsstiefeln bis an den Hintern, festen Wettermänteln, Revolver und Rosenkranz auf der Brust. Sie erlebten viele Abenteuer auf den tausenden Meilen Weges und bildeten eine wohlorganisierte Gilde, eine kleine Hansa per pedes. ...

Solch ein echter, schon seßhafter »Tödde« hatte vier Filialen bei Magdeburg, in Ummendorf, Seehaus, Drakenstaedt, Erxleben, ein hager aufgeschossener Mann mit einem tiefen Hang zum Grübeln, der ihn aber nicht behinderte, wie ein Trapper das Leben an die Kehle zu packen! Er ritt auch ostwärts bis Warschau und kaufte hier vierzig Polenpferde und zwanzig Planwagen voll Tuch, um Pferde und Wagen bald nach dem Transport wieder zu verkaufen, und nur die Tuchballen zu behalten. Mit diesen trieb er dann einen gemächlichen Jahreshandel. Es war der Besitzer von der Brockmühle bei Hopsten, der von Freren stammte, gleichfalls ein verschlagener Schmuggler ...

Zur Zeit der Christmette in einem der Jahre zwischen 1800 und 1811 geschah ein Überfall auf sein Anwesen, das nahe der bekannten vielhundertjährigen Eiche an der heutigen Kreisstraße zwischen Recke und Hopsten lag. Die Frau des Tödden und das Gesinde waren in der Kirche, nur Brockmöller selbst und eine Magd lagen im Obergeschoß des Hauses in ihren Betten. Mit Hilfe eines schweren Balkens machten die Einbrecher Sturm auf die

Mettingen, Bergmann und Tödde

Haustür. Es gelang dem Tödden, vom oberen Fenster der Schlafkammer aus einen der Eindringlinge zu erschießen. Das hinderte aber die anderen nicht, das Haus doch endlich zu erstürmen.

Brockmöller riegelte die Kammer, drin er jetzt gefangen saß, inwendig ab und fand keinen Plan, als sich mäuschenstill zu verhalten, die geladene Pistole mit gespanntem Hahn vor sich am klopfenden Herzen. Er hörte bereits viele Schritte die Treppe hinauf, erkannte deutlich das Knarren der sechsten Stufe, noch immer fiel kein Wort, als tobten schweigende Bestien im Hause, Teufel auf dem Gang. ...

... aber die Gewißheit, verloren zu sein, sollte ihn früh genug niederschmettern, denn er gewahrte auf einmal Lichtschein

Brockmöllers Eiche, über 800 Jahre

durch die Türritze ... sie suchten schon auf dem Flur nach seiner Tür und schleppten die Magd, die wie ein Schwein schrie ... und er hörte sie dicht vor seiner Tür heiserer gurgeln und schneller winseln, mit den Fersen nur noch den Boden klopfen, wie sie furchtbar geknebelt wurde und erstickte. Da preßte der Schweißgebadete ein Auge vors Schlüsselloch und sah den runden Kopf eines Mannes in nur wenigen Spannen Entfernung, hielt die Pistole genau in Richtung vor, drückte ab und jagte die Kugel mit kurzem Feuerstrahl durch den Schädel des Würgers. Nun erst erscholl die erste Männerstimme fremd im Hause: »Hier sitzt der Hund – !« Aber die Lichter erloschen. Brockmöller drückte sich instinktiv an die Türrahmung zur Seite, und zwei, sechs, zwölf, zwanzig Kugeln durchlöcherten wie eine Schießscheibe die dünne Füllung. Sie siebten nach ihm mit peitschendem Todesknallen und wagten den Sturm nicht ohne gründlichste Vorbereitung, aber Brockmöller riß drinnen im Nu auch den zweiten Fensterflügel noch offen, warf sein Federbett nach unten, zwei Pantoffeln drauf, und kroch hinter eine kleine Tapetentür. Kaum saß er hier geduckt im Dachwinkel, brach die Tür, und sie drangen ein, rissen Windlichter unter den Jacken vor und sahen alle Fenster sperrweit offen stehen, stürzten blindwütig zum Bord durchs leere Zimmer und riefen: »Er ist 'rausgesprungen – seine Pantoffeln liegen noch drauf!« Ohne in der tollen Verwirrung die Höhe zu bemessen, da auch die Zeit auf die Sekunde drängte, denn die Mette konnte bald schon Nachbarn und Knechte zurücksenden.

Was geraubt wurde, ist längst vergessen. Unvergessen aber blieb des »Tödden« Geistesgegenwart, die ihn durch einen blitzhaften Einfall rettete, der an die wild-schönen Märchen des Orients erinnert!

Josef Winckler 1930

Die Sage vom Heiligen Meer

An der Stelle des Heiligen Meeres – so erzählt die Sage – lag in alter Zeit in großes Kloster, das von fruchtbaren Gärten und Feldern umgeben war. Viele Bewohner waren dem Kloster zu Diensten und Abgaben verpflichtet. Der große Reichtum verführte die Mönche zu einem üppigen und lasterhaften Leben. Essen und Trinken waren ihre Hauptbeschäftigungen. Bei ihren Abendmahlzeiten floß gewöhnlich der Wein in Strömen. Ein Laster erzeugt das andere. Darum fanden die sonst so strengen Ordensregeln kaum noch Beachtung.

Zwischen Spelle, Salzbergen und Rheine lag damals und liegt noch heute das Gut Venhaus. Der Besitzer des Gutes besaß eine blühende Tochter namens Ida. Abwechselnd besuchten Vater oder Mutter mit der Tochter den Gottesdienst in der Klosterkirche. Die Mönche sahen die schöne Jungfrau und hätten sie gerne in Gewalt bekommen.

Als eines Abends die Eltern nach Münster verreist waren, um den Bischof Herimann zu seiner Rückkehr vom Kreuzzuge zu begrüßen, erschien in Venhaus ein Bettler und bat um ein Nachtlager. Nach gutem alten Brauch versagte Ida dem fremden Manne die Gastfreundschaft nicht. Sie nahm ihn auf und ließ ihn mit Speise und Trank versorgen.

Eben wollte man sich zur Ruhe begeben, da zog Brandgeruch durch das Haus, das bald in hellen Flammen stand. Jeder suchte zu retten, was zu retten war. Der Fremde gesellte sich zu dem Fräulein und bat es, sich ihm anzuvertrauen. Er führte Ida vor das Tor des Gutes. Dort standen mehrere verkleidete Männer. Diese nahmen sie mit und brachten sie auf Umwegen zu dem Kloster, wo man sie in eine Zelle sperrte.

Zu der Zeit lebte im Kloster ein frommer alter Mönch namens Johannes. Er mußte die Entführte mit Essen und Trinken versorgen. Dem klagte Ida ihr Leid und bat ihn, sie zu ihren Eltern zurückzuführen. Johannes versprach es.

Der folgende Tag war schwül und heiß. Gegen Abend bedeckte sich der Himmel. Gewitterwolken türmten sich auf, und immer lauter klang das Rollen des Donners. Da pochte jemand an die Klosterpforte. Ein heimkehrender Reiter war es, der vor dem

Am Heiligen Meer, Naturschutzgebiet

Unwetter Schutz suchte. – Es war der Ritter Eberwin v. Thuine, der den Katzenellenbogener Grafen auf dem Kreuzzuge begleitet hatte. – Johannes nahm ihn auf und führte ihn in seine Zelle. Der Reiter schien ihm von Gott gesandt. Er bat ihn um seine Hilfe zur Rettung der Gefangenen. Als der Reiter den Namen Venhaus hörte, sprang er auf und verlangte, sofort das Fräulein zu sehen. Nach wenigen Minuten schäumten zwei junge Herzen über in unerwartetem Glück. In der öden Klosterzelle feierte ein verlobtes Paar ein frohes Wiedersehen nach langer Trennung.

Trotz strömenden Regens und der niederzuckenden Blitze flüchteten die drei und verließen, so schnell sie konnten, den Ort des Lasters. Die Mönche merkten davon nichts. Sie hielten bei Donner und Blitz ihr wüstes Gelage. Kaum hatten sich die Fliehenden entfernt, da fuhr ein Strahl hernieder und traf das Kloster, in dem nun die zechenden Mönche ein grauenhaftes Ende fanden.

Am Abhange des Dickenberges, am Kälberberge, stand ein Einsiedlerhäuschen. Darin fanden die Geretteten ein Unterkommen für die Nacht. Als sie am anderen Morgen in das Tal hinaussahen, waren die Klostergebäude verschwunden. An ihrer Stelle befand sich eine große Wasserfläche, von der Rauch aufstieg. In Venhaus feierte man bald eine fröhliche Hochzeit, und der alte Johannes wurde mit Liebe gepflegt bis an sein seliges Ende.

Josef Große-Rechtien 1989

Warendorf,
am Münstertor

Mariae Himmelfahrt und »Krippkes angucken« in Warendorf

In die bunte Welt jener Jahre fiel das Fest Mariä Himmelfahrt, wenn wir mit Opa die roten Bungen vom Boden holen durften, vielfach verknitterte Papierlaternen, die an dünnen Drähten in die Fensterhöhlen gehängt wurden und warm in den Augustabend schimmerten; der geharkte Bürgersteig gehörte dazu, mit rotweißen Fahnen, Schilfstengeln und Margueriten, mit Lupinen, Kornblumen und Birken geschmückt für die Prozession; es gehörte dazu die unbestimmbar geheimnisvolle Spannung im Haus: Wann es denn nun endlich losginge? Der Besuch gehörte dazu, der regelmäßig an diesem Samstagabend kam,Verwandte, Bekannte, ehemalige Angestellte aus Haus oder Werkstatt, manchmal von weither angereist; und es gehörte dazu die jährlich wiederkehrende Sorge: Wird es regnen oder nicht? Ich weiß nicht, ob es statistisch richtig ist, aber ich glaube, es hat sehr selten geregnet. Später hat es fast immer geregnet, doch auch da weiß ich nicht, ob es stimmt.

Der nächtliche Gang unter den gasflammenüberzüngelten Bögen hindurch zählt jedenfalls zu den wichtigen Erinnerungen meiner Kindheit – und war es wirklich so schlimm, daß die Blaskapellen ihr »Meerstern, ich Dich grüße« so schrecklich gedehnt und falsch und blechern spielten? Das sagten doch nur die Spötter, die Großen, und die wußten nicht, worauf es in Wahrheit ankam.

Die Krippengänge in der Weihnachtszeit, auch in der Dunkelheit, durch knirschenden Schnee, an der kräftigen Hand des sonntäglich gestimmten Großvaters, zählen ebenfalls zu meinen ungetrübten Erinnerungen. Krippkes angucken – die Reihenfolge war durch die geographische Lage des Münstertores bestimmt, der Mönsterpaote. Erst die Neue Kirche, dann die Alte Kirche, dann die Paterskirche. Die schönste Krippe, ohne jeden Zweifel, hatte die Neue Kirche. Mit Kunst hatte das nichts zu tun, davon wußte ich nichts. Aber hier hatten sie unter – so schien es mir – riesigen Tannen Stall und Herberge aus schwarzweißem Fachwerk aufgerichtet, und die vielen Menschen und Tiere bewegten sich (nein, sie standen nicht, sie bewegten sich) in der Landschaft an der Ems. Da kannte ich mich aus. Die Krippe hatte für mich

Warendorf
Turm an der Marienkirche

ein gutes Stück handfest gezimmerte und ordentlich bemalte Wahrheit. Das war schon was, obschon – der Neger in der Alten Kirche, der mit dem Kopf nickte, wenn ich eine Münze in seinen Kopfschlitz warf, der konnte mich schon einmal wankend machen. Später gab es auch in der Neuen Kirche einen. Da war alles wieder in Ordnung. Seit dieser Zeit ist Fachwerk für mich mehr als nur eine technische Lösung, um Hauswände aufzuschichten.

Rainer A. Krewerth 1980

Emsniederungen bei Warendorf

Eine tiefgehende Veränderung der Landschaft bei Warendorf, die ein Charakteristikum der Emsniederungen für immer verschwinden ließ, bewirkte die Emsbegradigung. Natürlich hatte man schon immer versucht, diesen kleinen Fluß mit seinem mäandrierenden Lauf zu bändigen. Denn gerade wegen seiner Bogen und Kehren kam es immer wieder zu erheblichen Überschwemmungen in der Emsniederung. Vor allem am »Hohen Emsufer« im Westen der Stadt ließ jedes Hochwasser Stücke des sandigen Steilufers abbrechen; an den anderen, der Gewalt des Wassers abgewendeten Seiten entstanden Sandbänke. Die Einrichtung des zunächst freiwilligen, dann aber Pflicht-Arbeitsdienstes gab dem Staat die Möglichkeit, den Lauf der Ems durch kurze Durchstiche um Kilometer zu verkürzen. Aber welche Schönheiten gingen dadurch verloren! Sicher werden die Wasserfachleute den Nutzen der Maßnahmen herausstellen. Aber ob diese rigorosen Eingriffe, die Kanalisierung eines früher wunderschönen Flusses notwendig waren? Wie sich zeigt, sind auch heute, nach der Kanalisierung, noch laufende Befestigungen der Böschungen notwendig. Und weil jetzt das Wasser schnell, viel zu schnell abläuft, ist man gezwungen, den sinkenden Grundwasserspiegel durch künstliche Wehre anzuheben, damit auf den leichten Böden der Emsniederung überhaupt etwas gedeiht.

Ich glaube nicht, daß in meiner Jugend je ein Tag vorübergegangen ist, an dem ich nicht mit Freunden – oder in Begleitung der angebeteten Freundin – einige Stunden in »Lippermanns Büschen«, in der Heide an der Tönneburg oder in den Emsniede-

rungen mit den »toten« Emsarmen unterwegs gewesen wäre. Die Jugendbewegung schöpfte ja einen nicht unwichtigen Teil ihrer Kraft und ihres Antriebs aus der Natur, aus der ständigen Begegnung, aus der Auseinandersetzung mit ihr. Das Münsterland, die besonderen Farben der Landschaft in den Herbstmonaten, die Baumgruppen, die Hecken, der Sandboden, die Dünenlandschaft, die Wiesen am Fluß, die rotstämmigen Kiefern nördlich der Ems, die Laubwälder nach Westkirchen, Neuwarendorf und

Emsaltarm bei Warendorf mit Blick auf Wasserturm

Freckenhorst zu, die Birkenalleen im Norden der Stadt – das alles bedeutete uns ein Refugium, eine Zuflucht, eine unzerstörbare Welt. Die Zeltlager der Neudeutschen in den Vohrener Knäppen mit Spielen, Wanderungen, Lagerfeuern und der mit Sand gewürzten Erbsensuppe von Düttings Hof sind für mich bis heute Inbegriff meiner Jugend. Manchmal war dieses Glück so maßlos, daß es in der Brust schmerzte.

Friedel Bohmert 1980

Zum Beispiel Burg Kakesbeck in Lüdinghausen

Nicht nur Münster steckt voller Merkwürdigkeiten, auch das Münsterland. Burg Kakesbeck zum Beispiel ist in mehr als einer Hinsicht merkwürdig. Mit einem Areal von etwa einem Kilometer im Durchmesser konnte sie als eine der größten Wasserburgen des Münsterlandes einer ganzen Bauerschaft in Notzeiten Schutz bieten. In ihrem spezifischen Charakter als gotische Wehrburg aber, die ihrem Stil durch die Jahrhunderte treu blieb, ist sie einmalig.

Doch was wäre die ganze Burgenherrlichkeit heute ohne dieses »merkwürdige« Ehepaar Dr. Wilfried und Hildegard Grewing, das den langen Mehrfrontenkrieg gegen den Verfall auf sich genommen hat, um Westfalen dieses großartige Bauwerk zu erhalten? Im Januar 1971 erwarben beide eine trostlos erscheinende Ruinenlandschaft, in der sie als eingefleischte Burgennarren aber viel mittelalterliche Bausubstanz entdeckten und ahnten. Der Wiederaufbau belastete den neuen Burgherren neben einer aufreibenden Managertätigkeit bis jetzt mit mehr als 10 000 Arbeitsstunden. Nach nunmehr 28 Jahren ist erstaunlich viel geleistet, aber fertig ist man natürlich noch nicht und – macht weiter. Das Ehepaar bekennt: »Um öffentliche Anerkennung haben wir uns nicht bemüht, aber wir haben uns über jeden Fortschritt bei Erhaltung der historischen Anlage gefreut.«

Kommt man von Osten her über den Hauptzugang nach Kakesbeck, sieht man vor und hinter einer hohen Natursteinmauer Dächer, Türme und Torbögen ragen und glaubt ein gotisches Städtchen, ein Klein-Altnürnberg vor sich zu haben. Aber man muß erst diverse Tore und Brücken hinter sich lassen und sich innerhalb der Schutzmauer umsehen auf dieser riesigen Wohn- und Wehrstatt, um ihren vollen Zauber zu spüren. Brunnen, Öl- und Kornmühle, Soldatenhaus, Kapelle, Wehrspeicher, kurz: es fehlt an nichts für die wehrhafte Selbstversorgung. Das meiste ist bereits fachkundig wiederaufgebaut und durchsaniert von den Fundamenten bis zu den Dächern. Das neue Burgherrnehepaar wohnt im geräumigen Soldatenhaus. Alle tragenden Mauern der Gebäude stehen auf Eichenpfählen im moorigen Grund der Inseln, die vom vielverschlungenen Gräftensystem

Burg Kakesbeck
Tor am äußeren Burgwall

der Stever umflossen sind. Dies stellte zusätzliche Ansprüche an die Statik. Gebaut wurde nur mit historischem Material. Experten prüften jeden Stein auf seine Brauchbarkeit und richtige Verwendung. Alle heute zur Verfügung stehenden wissenschaftlichen Methoden von der Dendrochronologie bis zu Infrarotstrahlen hat man genutzt. Sämtliche Gebäude wurden mit einem neu installierten Entwässerungssystem verbunden, eine neue Kläranlage wurde gebaut, in den bewohnbaren Räumen Fußbodenheizung gelegt. Schließlich muß Kakesbeck modernen Wohnansprüchen genügen. Inzwischen sind 9 Wohnungen fertiggestellt. Das heißt, Handwerker, Fachleute und nicht zuletzt Grewings selbst haben in den vergangenen Jahren eine enorme Leistung erbracht. Hinzu kam die wissenschaftliche Betreuung von 6 000 Bodenfunden aus dem Burgbereich. Etwa 3 000 neu gepflanzte Bäume und Sträucher im Umfeld und die renaturierten Burggräben machen die Burgumgebung zu einem gesunden Lebensraum für Vögel und Amphibien.

Erst wenn man das Tor zum Innenhof der Oberburg durchschritten hat, ist man im innersten Kreis der Gesamtanlage. Torhaus, Bauhaus, Langhaus, überdachte spätgotische Wehrgänge und Herrenhaus säumen die innerste, vom Wasser der Gräfte umflossene Insel: die Wehrburg in der Wehrburg. Auch hier wirkt die Mehrzahl der Gebäude gefestigt und durchsaniert. Ein besonderes Schmuckstück ist das Torhaus. – Aber eine gewichtige Ruine gibt es noch: das Herrenhaus, ohne Frage die schwerste verbliebene Aufgabe. Es verlor bei einem Brand im 18. Jahrhundert das zweite Stockwerk. Außerdem muß der Keller neu fundamentiert werden. Das schöne gotische Kreuzgewölbe zeigt große Risse. Denn die massiven Rundsäulen, die es tragen, drohen im unsicheren, stark wasserdurchlässigen Grund abzusinken. Sie müssen durch ein Betonbett abgestützt werden. Damit sind nur einige der Arbeiten für das Herrenhaus angetippt, die noch viel Zeit und Geld verschlingen dürften.

Kakesbeck und kein Ende? Der Bau- und Burgherr zuckt die Achseln. Trotz mancher Rückschläge und harter Erfahrungen wirkt er zuversichtlich. Seine Planungen bis 2006 stehen. Schließlich ist er ein Westfale, und das bedeutet: beharrlich weitermachen!

Ohne diese löbliche Eigenschaft wäre Kakesbeck ja auch im Laufe der Jahrhunderte nicht zu der großen eigenwillig gebauten Wehrburg geworden. – Anfangs stand da um 800 nur ein fränkischer Wehrhof Kakaresbeki, der die Herrschaft der Franken im Stevertal stützen sollte. Wenig später wurde Kakesbeck Gut der fränkischen Reichsabtei Werden an der Ruhr und wurde so 860 erstmals urkundlich belegt. Der Oberhof Kakesbeck (= curia) wechselte danach in den Besitz verschiedener Adelsgeschlechter. Um 1280 erfolgte der Ausbau zu einer wehrhaften Burg (= castrum) im Bereich der heutigen Herrenhausinsel in Nord-Südrichtung. Erst die folgenden Jahrhunderte erweiterten die Burg auf der noch heute bestehenden Ost-Westachse um fünf Vorburgen mit sechs Zugbrücken. In seiner Blütezeit gehörten zu Kakesbeck etwa 20 Gebäude. – Das berühmteste Geschlecht, das fast 400 Jahre auf der Burg saß, waren die Herren von Oer. Und einer seiner bekanntesten Vertreter ist jener Lambert von Oer,

Kellergewölbe des Herrenhauses

dem sein Gegner Goddert (Gottfried) von Harmen 1520 »liebevoll« jenes eiserne Halsband umlegte, das man noch heute auf der nahen Burg Vischering bewundern kann, ein Meisterwerk Nürnberger Schmiedekunst. Wie man weiß, half gegen dieses innen stachelbewehrte Halsband auch die eigene Wehrburg nicht, sondern nur die kundig-entschlossenen Schläge eines Kunstschmiedes in Münster. – Der Dreißigjährige Krieg ging am wehrhaften Kakesbeck ziemlich spurlos vorüber. Im ersten Drittel des 18.

Jahrhunderts aber war das Gut so hoch verschuldet, daß es verkauft werden mußte. Käufer war der Erbdroste Maximilian Heidenreich Graf Vischering auf Darfeld. Seit 1820 saß nur noch ein Rentmeister als Verwalter auf Kakesbeck. Der Verfall der großen Anlage schritt immer weiter voran. 1868 riß man die zuvor als Rinderstall benutzte Kapelle ab. 1952 wurde Kakesbeck mit den dazugehörigen Ländereien an die Siedlungsgemeinschaft Rote Erde veräußert. Es wurde bäuerliche Siedlungsstelle, bis es 1971 die Eheleute Grewing erwarben. Hoffen wir, daß es ihnen gelingt, der münsterländischen Wasserburgenlandschaft endgültig dieses einmalige Bauwerk zu erhalten.

Annelise Raub 1999

Das eiserne Halsband des Lambert von Oer

Etwa eine Stunde nördlich von Lüdinghausen liegt die Burg Kakesbeck an der Stever. Dort lebte vor 400 Jahren der Ritter Lambert von Oer. Dieser geriet wegen Erbschaftsfragen in Streit und Feindschaft mit dem Herrn von Ascheberg zu Ichterloh bei Kapelle. Für Hermann von Ascheberg aber kämpfte dessen Schwiegersohn Gottfried von Harmen.

Als nun Lambert von Oer am Mittwoch, den 25. Juli 1520 von der Pfarrkirche zu Lüdinghausen nach Hause ritt, wurde er vor dem Übergange der Landstraße Lüdinghausen-Hiddingsel über die Stever von seinem Feinde überfallen. Mit 8 Knechten sprang dieser plötzlich aus seinem Hinterhalt, dem Busche Vogelrute, hervor, schlug Oer vom Pferde und warf ihm ein im Innern mit spitzen Haken versehenes eisernes Halsband um den Hals. Dieses war in Nürnberg hergestellt worden. Weder Schloß noch Fuge war von außen daran zu sehen. Nachdem Lambert eidlich

Restgebäude von Haus Ichterloh
bei Capelle

versprochen, sich am nächsten Sonntag auf der Burg Padberg zu stellen, wurde er freigelassen.

Zu Hause versuchte Oer gleich alle Mittel, um sich zu befreien. Allein, alles war umsonst. Bei jeder Bewegung drangen ihm die spitzen Stachel in das Fleisch. Er hatte keine Ruhe bei Tage und Nacht. Zuletzt ging er nach Münster, um dort bei einem Schmied Hilfe zu finden. Keiner aber konnte ihm helfen. Nach langem Hin und Her entschloß sich endlich der Kunstschmied Thile Schwoll auf der Hörsterstraße zur Hülfe.

Ein Amboß wurde in den Dom geschafft. Unter Anrufung des Namens Gottes sollte das Halsband gewaltsam, nicht ohne Lebensgefahr des Lambert von Oer, gesprengt werden. Es war gerade um die Zeit der hl. Wandlung, als Herr von Oer seinen Hals mutig auf den Amboß legte. Der Meister Schwoll erhob seinen gewaltigen, schweren Hammer und ließ ihn dreimal mit den Worten: Im Namen des Vaters und des Sohnes und des hl. Geistes auf das Halsband niedersausen. Beim dritten Schlage sprang das Band auf. Lambert von Oer war gerettet und atmete erleichtert auf.

Franz Wittkamp 1922

Stever und Burg Lüdinghausen

Die Glocken zu Lüdinghausen

Der hl. Ludgerus starb zu Billerbeck am 26. März 809. Sein Leichnam wurde zuerst nach Münster gebracht, wo er 30 Tage geruchlos in der Marienkapelle lag. Als sein Bruder, der Bischof Hildegrim von Halberstadt, bei der Leiche erschien, fing der tote Körper an, aus der Nase zu bluten. Kurz darauf erfolgte nun die feierliche Überführung der Leiche nach Werden an der Ruhr. Unterwegs kam der Leichenzug durch ein kleines Dorf, das noch nicht einmal einen Namen hatte. Da fingen plötzlich alle Glokken zu Ehren des hl. Ludgerus von selbst an zu läuten. Von dieser Zeit an heißt der Ort Lüdinghausen und wurde später ein schönes Städtchen.

Franz Wittkamp 1922

Schloß Raesfeld oder Das verpflichtende Erbe

Ferdinand von Raesfeld, der »Altmeister des deutschen Waidwerkes« (1855–1929), wuchs in Dorsten als Sohn eines Arztes auf. Erst im Alter von zehn Jahren erfuhr er, daß er aus einer der einst bedeutenden Familien des Landes stammt. Der folgende Textabschnitt aus seinen Jugenderinnerungen beschreibt seine erste Begegnung mit dem damals verfallenen Schloß seiner Ahnen. Er selbst tritt im Text als Franz von Oltgrave auf.

Da öffnete sich der Wald; und vor Franzens Auge lag in Sumpf und Röhricht ein gewaltiges, graues Gemäuer, von einem schlanken Turm überragt. Eine Kirche konnte das kaum sein; also riet Franz auf ein Schloß.

»Ja«, sagte der Vater, »da hast du recht. Es ist Schloß Oltgrave, auf dem wir noch in Behagen sitzen könnten, wenn unsere Vorfahren das ihrige zu Rate gehalten hätten«.

Sie kamen näher zu dem alten, ehrwürdigen Bau. Über dem Eingang des Torbogens prangte ... das Wappen, von der Zeit zerfressen, zwischen morschem Mauergefüge. Im Hof wuchs Gras, Schilf und Unkraut. Hallenden Schrittes folgte Franz dem Vater, der von einem im Seitengebäude wohnenden Tagelöhner die Eingangstür hatte aufschließen lassen, durch das geräumige Treppenhaus. Durch weite, wüste Säle und Hallen, die jetzt als Kornspeicher und Vorratsräume dienten, führte der Vater den Knaben im ganzen Bau umher. Noch war das Dach des ehemals so stolzen Schlosses ganz; noch wehrten verglaste Fenster dem Sturm und dem Regen den Eintritt. Doch von der Decke hingen abgeplatzte Streifen; und graugrüne Flecken unter den Fenstern zeigten, daß das Himmelswasser an vielen Stellen eindrang.In seltsamem Widerspruch standen schöngemeißelte Türbogen und Kamineinfassungen von Marmor zu dem eingelagerten Korn und den Stapeln aufgebundenen Strohes. Noch war das Schloß keine Ruine; aber es war nah daran eine zu werden.

Beklommenen Herzens folgte der Knabe dem Vater. Es roch muffig in Fluren und Sälen. Die Vergänglichkeit sprach aus jedem Stein, aus den lose in kunstvollen Beschlägen hängenden Flügel-

Schloß Raesfeld, Blick von Nordosten

türen, den ausgetretenen Treppenstufen. Der unmittelbare Eindruck des Verfalles war zu mächtig, der Knabe noch zu weich und unselbständig, um sich diese stolzen Hallen, von Rittern und Knappen, schönen Frauen und ihren Zofen belebt, in ihrer Glanzzeit vorstellen zu können. Er fühlte sich befreit und atmete auf, als er den alten Bau hinter sich hatte und neben dem Vater einen verrasten Weg im Wald herschritt. Während der Besichtigung war der alte Herr wortkarg von Raum zu Raum geschritten. Jetzt sprach er:

»Das war die Burg unserer Väter. ... Es ist uns ergangen, wie den meisten alten Geschlechtern; die Zahl derer, die ihren Besitz haben erhalten oder gar mehren können, ist gering. Der Name allein, als Erbe der Vergangenheit, will nicht viel besagen; er wird zur tönenden Schelle ohne den Hintergrund des Besitzes. Wer das seinige nicht hat erhalten können, dem fehlten die Eigenschaften, die seine Stellung von ihm verlangte. Der Enkel hat keine Veranlassung, stolz zu sein auf die Ahnen, die das ihrige vertaten, die ihm damit sein Recht, sein Erbe verkümmerten.«

Treppenturm
(oben)
und
Hauptturm
(links)

»Es ist immer dieselbe Geschichte: Niemandem gehört zu eigen, was ihm an äußerem Besitz auf dieser Erde zufällt. Denkt er, damit machen zu können, was er will, glaubt er das Kapital verzehren zu dürfen, was eine Reihe von Geschlechtern aufspeicherte, so verstößt er gegen den Grundgedanken jedes Besitzes. Nur als redlicher Verwalter des ihm anvertrauten Gutes, in der Sorge für dessen Erhaltung und Mehrung, in der Hingabe an das Wohl der von jedem größeren Besitz abhängigen Beamten und Arbeiter, in der Mitarbeit an der Förderung des Landesteils, in den sein Erbe ihn gesetzt hat, füllt er seine Stelle aus, erfüllt er seine Pflichten. Andernfalls ist er ein Prasser, ein Schwelger im Fleiß und der Arbeit seiner Vorfahren.«

Der Vater war stehengeblieben; er nahm den Knaben bei beiden Händen und sah ihm, wie er bei scharfem Ansehen zu tun pflegte, über die goldene Brille tief in die Augen. Dann fuhr er fort:

»Was du heute gesehen hast, das ist das Ende einer einstmals großen Herrlichkeit. Die das alles gebaut und geschaffen haben, das waren tüchtige Menschen. Deren Namen zu tragen darauf darfst du wohl stolz sein. Aber der Gedanke an jene, die nachher den mächtigen Bau haben verfallen und verkommen lassen, und die den gleichen Namen tragen, der sollte dich einfach und bescheiden machen. Die Eigenschaften beider tragen wir in unserem Blut; – sorgen wir, daß dereinst unsere Nachkommen in unserem Wirken die besseren der Vorfahren erkennen können. Der Sproß eines alten Stammes wird von den Mitmenschen schärfer geprüft. Es wird mehr von ihm verlangt, und er wird heftiger getadelt, falls er strauchelt. Nicht ein Freibrief für höheren Lebensanspruch ist der Name; – er ist die Verpflichtung, seiner wert zu bleiben!«

Ferdinand von Raesfeld 1920

Aus Ruinen begann es neu zu erblühen

Münster! Der Name dieser Stadt hat feierlichen Klang. Dunkle Stimmen psalmodierender Mönche des Gründungsklosters klingen darin und festlich-frohes Friedensgeläute, das von hier der Welt ertönte. Wie fernes Echo ist das grelle Dämonengeschrei der Wiedertäufer verhallt, grollend vorübergezogen auch das Ungewitter berstender Bomben, die krachend Giebel und Gewölbe zertrümmerten und die Fundamente der Stadt erschütterten, als ob kein Stein auf dem andern bleiben sollte.

Den Schauern der Zerstörung ist nicht der Untergang gefolgt. Der verfinsterte Himmel hellte sich wieder auf. Die zu Boden geschlagene Stadt erhob sich mühsam, rieb sich den Schutt und den Staub aus den Augen und erprobte die verbliebene Kraft. Vieles war vernichtet, aber nicht das Leben. Aus Ruinen begann es neu zu erblühen. Der Menschenschlag lebt noch, der Münster geschaffen hat und allen Verwüstungen zum Trotz wiederhergerichtet. Nun gehen wir wieder über die alten Straßen und Gassen, Marktplätze und Festungswälle und stehen nachdenklich vor Wahrzeichen von Bau- und Kunstdenkmälern, vor Ruinen und neuen Gestaltungen.

Josef Bergenthal 1966

Flug über Münster

Längst schiebt sich Münster in unser Blickfeld, die mächtigen neuen Türme der Universitätskliniken, Rationalarchitektur aus kühlem Beton, und dahinter die Perlenkette der Kirchtürme, die schon Annette gesehen hat, wenn sie vom Rüschhaus zur Stadt spazierte: die Türme von Dom und Ludgerikirche, von Liebfrauen-Überwasser, Martini-, Clemens- und Dominikanerkirche. Nur den Turm von Lamberti sah sie niemals so; er erhielt erst ein halbes Jahrhundert nach ihrem Tod seine heutige Gestalt, wurde erst 1887 bis 1889 zu dem hochragenden Zeigefinger, der über dem Prinzipalmarkt an den in Münster nicht eben seltenen Wolken kratzt.

Über diese Stadt hinwegzufliegen, ist ein Augenschmaus. Navigatorisch ist es zudem ein Kinderspiel; denn da gibt es einen untrüglichen Wegweiser. Es ist der Promenadenring, der sich wie ein Kranz um die Altstadt legt. In diesem freundlich-runden Rahmen drängeln sich die Häuser, die Kirchen, der Buddenturm, das Rathaus, das Theater, das Krameramtshaus, der Erbdrostenhof zu lauter freundlichen Ensembles zusammen, und es ist aus meiner Vogelperspektive sehr tröstlich zu sehen, daß die alten Bauten den neuen nach Schönheit, Eleganz oder Gediegenheit ohne Mühe den Rang ablaufen: Sie sind es, die das unverwechselbare Gesicht der Stadt bestimmen. Und wie sie so sicher daliegen, so selbstbewußt über Stunde, Tag, Jahr und Jahrtausend hinausweisend, geben sie jenen mutigen, weit vorausblickenden Münsteranern recht, die 1945 und später gegenüber dem Zeitgeist des flinken Zwecks dickköppig-stur blieben – »wir wollen unser Münster wieder aufbauen, wie es war«. Eine Menge von dem, was sie wollten, ist ihnen gelungen: sie haben aus dem Schutt der Zerstörungen unendlich viel gerettet. ...

Mäti Robert kommt mir in den Sinn. ... Nicht lange vor ihrem Tod schrieb sie: »Außerhalb ist Münster – abgesehen von der wunderschönen Kirchfreiheit der sehr alten Mauritzkirche – eine Stadt wie andere auch, aber drinnen ist es halt anders – wie alle Städte, die so etwas wie eine Seele haben.« Sie fügte hinzu: »In diesem Fall eine westfälische, bürgerliche Seele«. Was wohl sagen sollte: eine beharrliche Seele, die ebenso gern im Gestern wie im Heute lebt; sich verpflichtet weiß dem Überkommenen; nichts so schnell wegwirft; sich den Teufel drum schert, was andere dem eigenen hartnäckigen Tun an vorschnellem Urteil antun.

Rainer A. Krewerth 1982

Merians Bild von Münster

Hernach / umbs Jahr 772. hat Keyser Carolus Magnus Mimigarvorden bekrieget / unnd sie ihme unterthänig gemacht / und / mit newer Bestellung der Kirchendiener / die Christliche Religion mehrers allda außgebreitet ...

So hat er auch ein Bischthumb / Anno 785. allda auffgerichtet / unnd einen prächtigen Tempel / zusampt einem Kloster / für die Geistlichkeit / so man das Münster genannt / erbawet; nach welchem auch die Statt selbsten forthin Münster / an statt Mimingrode / oder Mimingarvorde / geheissen zu werden angefangen hat ...

Es hat zu Münster auch viel feine Häuser für die Armen / presthaffte [= *versehrte*]/ inficirte / unnd dergleichen Personen; darunter das Hospital ist / zwischen den Brücken zu Uberwasser / für arme / krancke Bürger / und Bürgerin. ...

Es hat auch zu S. Ludger / und S. Merten / Schulen / in welchen die Kinder / die erste Fundamenta lernen; hernach kommen sie in die Thumb-Schule [= *Domschule*] / in welcher / ehe die Jesuiten / so diese Schul jetzt berümbt machen / allhie angenomen worden / sechs Praeceptores, sampt einem Rectore, und / unter solchen / umbs Jahr 1500. Joh. Murmelius, gewesen.

Die Bürgershäuser seyn zum Theil auch schön von Bamberger [= *Baumberger*] Stein (so ein Ort / zwo Meilen von Münster) gebawet. Nicht weniger zieren die Statt die Bögen / so auff dem Thumbhoff [= *Domplatz*] nach Osten ligen / unnd fast den halben Theil desselben begreiffen. Und seyn die Häuser fornen alle auff Pfeiler gesetzt / darunter man hingehet / und darinnen meistentheils Krämer wohnen / deren Frawen / unnd Töchter / man Bogenfrawen / unnd Jungfrawen / nennet / welche / weil sie höfflicher Sitten / und gleichsam mitten im Hertzen der Statt wohnen / andern gemeiniglich vorgezogen werden. Durch die Statt fleußt das Wasser Aa / von Theils Aada genannt / nach dem Norden / und an der Newen- oder Nienbrücker Pforten wider hinauß in die Embs. ...

Der Ort deß Gerichts / oder der Gerichtplatz / wird das Paradeiß [= *Vorhalle des Doms*] genannt. Wenn einer / zur Zeit deß Gerichts / da fürüber gehet / so höret er / wegen Menge Volcks / ein grosses Gemürmel und Getöß.

Matthaeus Merian – Martin Zeiller 1647

Üppige Geliebte

Stadt, ins Land gedehnt. Sie faßt,
sammelt Land. Sie türmt und sichtet
Land zu Kirche, Haus, Palast:
Münsterland, zur Stadt verdichtet.

Himmelflache Klinkerstadt,
groß im Glauben, prall von Ware;
Du, des Daseins nimmersatt,
ich währ mit Dir: tausend Jahre.

Reichgeworden durch den Tausch,
bringt sie uns aus vollen Händen,
Stadt im sanften, satten Rausch,
Schmuck und Blendwerk an den Wänden.

Prallen Bauchs, gestraffter Haut,
barg sie Gilden und Gelehrte;
wurde, wehrhaft aufgebaut,
stark, daß sie die Welt bekehrte.

Welt hielt ihren Atem ein,
als von Dir die Täuferstürme
tosten in die Welt hinein;
Stadt der abgesägten Türme.

Und als sie in Trümmer fiel
und verglühte bis auf Stümpfe,
schlug sie neu ihr Kartenspiel.
Wieder stachen ihre Trümpfe.

Schicksal – ist Dir Stundenschlag,
Du, in Trübsal Unbetrübte,
die bei vielen Herren lag:
Münster, üppige Geliebte.

Hubert Rodingen 1982

Ein Platz, auf dem Geschichte greifbar wird

Der Prinzipalmarkt wird gern als Gute Stube Münsters bezeichnet. Er trägt seinen noblen Namen schon rund 400 Jahre. Vor der Jahrtausendwende hatten sich hier – am östlichen Rand des Dombezirks – Händler und Kaufleute niedergelassen. Ihr Gotteshaus war die noch heute so genannte Stadt- und Marktpfarrkirche St. Lamberti, deren 90 Meter hoher Turm den Platz nach Norden hin abschließt.

Der Prinzipalmarkt ist etwa 160 Meter lang und 14 bis 20 Meter breit. Schon 1184 gab es hier die ersten der charakteristischen Lauben, der Bogengänge, die Ein- und Verkäufern Schutz gegen Regen und Schnee bieten sollten. Mehr als 100 der steinernen Säulen tragen die Lauben, unter denen Geschäfte von hohem Rang ihre Waren anbieten. Der Prinzipalmarkt als räumliches Kunstwerk wird mit Recht als herausragende städtebauliche Leistung des Mittelalters gepriesen.

In den Bombennächten des Zweiten Weltkrieges gingen die rund drei Dutzend Giebel der stolzen Häuser unter. Sie trugen einst die Merkmale vieler Stilrichtungen seit der späten Gotik. Beim Wiederaufbau in den hektischen Jahren nach 1945 wurde auf die detailgetreue Rekonstruktion der Giebel verzichtet – für puristische Kritiker Anlaß, vom heutigen Zustand als einer »ungefähren Vision des Vergangenen« zu sprechen. Doch trotz der vereinfachten Form der Hausfronten blieb die Raumwirkung erhalten, weil man an den historischen Parzellierungen kaum etwas änderte. Mit dem Prinzipalmarkt untrennbar verbunden ist westfälische, deutsche, europäische Geschichte: Hier wurden die Wiedertäufer hingerichtet, hier kam es 1648 zum Abschluß des Westfälischen Friedens, hier empfing die Stadt Münster Persönlichkeiten und Unpersonen der Geschichte wie Kaiser Wilhelm II., Konrad Adenauer oder Josef Goebbels.

Rainer A. Krewerth 1988

Münsters Altbierküche

Das Herdfeuer war der Ort geselligen Beisammenseins. Es war auch der Mittelpunkt der münsterschen Altbierküche, die ohne große Veränderungen aus der altwestfälischen Bauernküche entstanden ist. Die Altbierküche ist ein Stück von Altmünster und seiner behaglichen Geselligkeit. Hier saßen Handwerker und Juristen, junge Studenten und alte Semester als gleichwillkommene Gäste in fröhlicher Runde beisammen, und mancher hat es der blanken Tischplatte eingegraben, wie »kannibalisch wohl« er sich gefühlt hat. Die Altbierküche hat ihren Namen von dem münsterschen Altbier, das nach einem alten Brauverfahren aus Hopfen, Malz und obergäriger Hefe gebraut wird und durch lange Lagerung einen weinsauren Geschmack bekommt. Früher ist es in Münster so gewesen, daß jede Altbierküche auch ihre eigene Altbierbrauerei hatte. Um die Mitte des vorigen Jahrhunderts gab es noch 400 Altbierkneipen, ein halbes Jahrhundert später nur noch 41 und nach dem ersten Weltkriege nur noch eine. Diesen Wandel hat in erster Linie die Wasserleitung bewirkt, die 1880 angelegt wurde. Mit dem Brunnenwasser hatten die Münsteraner schlechte Erfahrungen gemacht. Nun konnten sie ohne Gefahr für die Gesundheit außer Altbier auch Wasser trinken. Es kam

dann die Notzeit des ersten Weltkrieges, als den Bierbrauereien nur noch wenig Getreide zugeteilt wurde. Zudem mußten die großen Kupferkessel der Brauereien als Edelmetall abgegeben werden. Das war gerade für kleinere Brauereien sehr hart. So erklärt es sich, daß in der Ungunst der Zeit nur einer überlebte, der nach wie vor entschlossen war, nach alter Weise weiter Altbier zu brauen und auszuschenken: Jans Müller mit seinem Sohn Carl vulgo Pinkus. In seiner Altbierküche ist Münster noch gegenwärtig. Den Gastraum beherrscht ein großer Rauchfang, in dem über dem Herdfeuer Schinken baumeln und würzig duften. Mit altwestfälischem Hausrat ist die Kneipe ausgestattet. Binsenstühle stehen um eichene Tische, zinnerne Teller und Krüge auf Anrichte und Boosen, Altbierbullenköppe über der Theke. Und an den Balken unter der Decke stehen beherzigenswerte Sprüche wie dieser:

Dat man dat Drinken nich to bieten bruk,
Dat is doch mähr äs prächtig.
Ick faoll de Hände üövern Buk
Un priese Gott andächtig.

Josef Bergenthal 1966

Sumpfige Wiesen in See verwandelt: Der Aasee in Münster

Die Idee, die sumpfigen Aawiesen in einen größeren See zu verwandeln, einst aus strategischen, später aus Gründen der Naherholung, kursierte in Münster schon seit Mitte des 17. Jahrhunderts. Als Fürstbischof Christoph Bernhard von Galen 1660 zur Eroberung Münsters ansetzte, ließ er durch seinen technischen Berater Bernard Spoede Vorkehrungen für eine Überschwemmung der Stadt treffen und hat dieses Vorhaben auch teilweise verwirklicht. Durch den Rückstau des Wassers wurde das gesamte westliche Vorfeld Münsters überflutet. Die Bürger gaben daraufhin ihren Widerstand auf.

Spoede behielt auch nach der Eroberung Münsters die Sperren – allerdings wesentlich verbessert – bei, bildete doch die Überflutung der Stadt das wichtigste Drohmittel gegen widerspenstige Bürger. Aber dazu kam es nicht mehr. Fortan stritten sich die entlang des heutigen Aasees wohnenden Hofbesitzer mit der Stadt und dem Landesherren über wechselnde Wasserstände und versumpfte Wiesen. Der Streit wurde erst 1874 durch eine verbindlich festgelegte Stauhöhe beigelegt.

Zu dieser Zeit hatte aber auch schon der Plan des ehemaligen Geistlichen und ausgewiesenen Naturwissenschaftlers Hermann Landois die Runde gemacht, die Aawiesen in einen See umzuwandeln. 1888 hielt er vor heimischem Publikum seinen ersten Vortrag über »Die Anlage eines Sammelteichs durch die Talsperre bei Münster in Westfalen«, in welchem er seine Überlegungen für ein Naherholungsgebiet, wie wir heute sagen, darlegte. Der Gedanke, obwohl mit großen finanziellen Kosten verbunden, stieß deshalb in der Öffentlichkeit auf Zustimmung, weil viele Bürger es einfach leid waren, im Sommer von ganzen Heerscharen von Mücken aus der sumpfigen Niederung belästigt zu werden, ganz zu schweigen von absonderlichen Gerüchen.

Aber auch schon zu Kaisers Zeiten konnten sich Bauvorhaben mitunter Jahrzehnte verzögern, und erst 1914 faßte der Rat der Stadt den Beschluß, den Aasee zu realisieren. Bevor die Arbeiten richtig begannen, waren sie aufgrund der politischen Lage nach Ausbruch des Weltkriegs schon wieder zu Ende.

Renaturierter Aaseezulauf bei Haus Kump

Sie wurden erst Mitte der zwanziger Jahre wieder aufgenommen und auch nur deshalb, weil 1925 ein fürchterliches Hochwasser weite Teile der Stadt unter Wasser gesetzt hatte. Erst jetzt erkannte man in den Stuben der Stadtverwaltung, daß die Errichtung eines Stausees in Verbindung mit einer Regulierung bei Hoch- bzw. Niedrigwasser erforderlich ist.

Bedingt durch die schlechte Finanzlage in den zwanziger Jahren gingen die Ausschachtungsarbeiten nur schleppend voran. Im Oktober 1930 stellte die Stadt wieder einmal 75 erwerbslose Arbeiter an. Die Löhne konnten durch ein verbilligtes Darlehen aus der Arbeitslosenversicherung beglichen werden. 1932 wurde der erste Teil des Aasees, bis zur Torminbrücke, fertiggestellt. Weiter gediehen die Arbeiten dann nicht mehr, waren doch die neuen Machthaber zu sehr mit dem Ausbau Münsters zur Gauhauptstadt beschäftigt. ...

Bernd Haunfelder 1997

Quellen- und Inhaltsverzeichnis

Baston, Guillaume-André-René

S. 30: Coesfelds Straßenpflaster um 1800. – In: Coesfeld um 1800 – Erinnerungen des Abbé Baston. Hrsg. v. Heinrich Weber (Coesfeld, 3. Aufl. 1980), S.15 f.; aus: Ankunft in Coesfeld.

S. 34: Der westfälische »Seher«. – In: Coesfeld um 1800 ... (Coesfeld, 3. Aufl. 1980), S.134 f.; gekürzt.

Bergenthal, Josef

S. 99: Aus Ruinen begann es neu zu erblühen. – In: J. B., Münster steckt voller Merkwürdigkeiten (Münster 11. Aufl. 1966), S. 7 (aus dem Vorwort).

S. 106: Münsters Altbierküche. – In: J. B., Münster steckt voller Merkwürdigkeiten (Münster 11. Aufl. 1966), S. 102 ff.: Das gastliche Herdfeuer; leicht gekürzt.

Berthold, Theodor

S. 20: Erinnerungen an die Fürstin A. v. Gallitzin in Angelmodde. – In: Th. B., Lose Blätter aus dem Münsterlande u. d. Nordsee (Einsiedeln usw. 1885), S. 46–64: Ein Besuch im Dörfchen Angelmodde; Auszug.

S. 24: Westfälische Wallhecken. – In: Th. B., Lose Blätter a. d. Münsterlande u. d. Nordsee (Einsiedeln usw. 1885), S. 78–86; gekürzt.

Böcker, Gertrud

S. 36: Tageslauf eines Hausmädchens... – In: Spiegel am Horizont. Eine Generation erinnert sich (Coesfeld 1997), S. 10–13: Als ich 14 Jahre alt war.

Bohmert, Friedel

S. 85: Emsniederungen bei Warendorf. – In: Denk ich an dieses Warendorf (Warendorf 1980), S. 78 f.; aus dem Beitrag von F. B.: Das Refugium.

Bregenstroth, Erich

S. 7: Gedicht als Dank. – In: Westfälische Nachrichten (Münster, 23. 3. 1982).

Domrav, Anne

S. 47: Ritt auf dem Pegasus. – Erstveröffentlichung.

Droste-Hülshoff, Annette von

S. 27: Landleben im Münsterland um 1840. – In: A. v. D.-H.: Sämtliche Werke, Bd.1 (München 1973), S.553f.; aus: Westfälische Schilderungen.

S. 42: Der Schloßelf. – In: A. v. D.-H.: Sämtliche Werke, Bd.1 (München 1973), S. 258; hier nur Strophe 1.

Gerdemann, Anton

S. 72: Schrecken des 30-jährigen Krieges in Saerbeck. – In: Unser Kreis 1998. Jahrbuch für den Kreis Steinfurt (Steinfurt 1997),

S.112–114: Ein brutaler Überfall setzte Saerbeck in Angst und Schrecken; gekürzt.

Große-Rechtien, Josef

S. 79: Die Sage vom Heiligen Meer. – In: Sagen, Gedichte und Geschichten aus Recke (Ibbenbüren 1989), S.144f.

Harig, Ludwig

S. 43: Schloß Hülshoff – die Heimatburg der Droste. – In: Annette von Droste-Hülshoff. Wie sie lebte, wie sie war, was sie schrieb (Münster 2. Aufl. 1993), S. 114–124: Spaziergang mit Fräulein Annette; gekürzt.

Haunfelder, Bernd

S. 108: Sumpfige Wiesen in See verwandelt. In: Westfälische Nachrichten (Münster, 22.11.1997); leicht gekürzt.

Heine, Heinrich

S. 41: Die Amme aus dem Münsterland. – In: H. H., Deutschland. Ein Wintermärchen (Hamburg 1844), S. 66ff.: Caput XIV; hier nur die Strophen 1, 2, 6 und 7.

Huch, Ricarda

S. 47: Rüschhaus-Zauber. – In: R. H., Im Alten Reich (Leipzig, Zürich 1927), S. 374; Schluß des Kapitels »Münster«.

Krewerth, Rainer A.

S. 105: Ein Platz, auf dem Geschichte greifbar wird. – In: R. A. K. – Dieter Rensing, Münster. Schöne Hauptstadt in Westfalen (Münster 1988), S. 30.

S. 100: Flug über Münster. – In: R. A. K., So sieht das Münsterland von oben aus (Münster 1982), S. 103ff.

S. 55: Lektion in Burgen- und Schloßarchitektur. – In: R. A. K., So sieht das Münsterland von oben aus (Münster 1982), S. 118ff.

S. 82: Mariae Himmelfahrt und »Krippkes angucken« in Warendorf. – In: Denk ich an dieses Warendorf (Warendorf 1980), S.138ff.; aus dem Beitrag von R. A. K.: Am Münstertor.

Macher, Brigitte

S. 49: Radeln und Wandern über den Rücken der Baumberge. – In: Recklinghäuser Zeitung (Recklingh., 27. 5. 1955 / Wochenend-Journal): Radeln über den Rücken der Baumberge; leicht gekürzt.

S. 66: Wohnen am Wasser – Haus Welbergen. – In: Die Zeit (Hamburg, 20.6.1986): Wohnen am Wasser; gekürzt bis auf die Abschnitte über Welbergen.

Merian, Matthaeus – Martin Zeiller

S. 102: Merians Bild von Münster. – In: Topographia Westphaliae (Frankfurt 1647, Nachdr. Kassel 1961), S.46–50; stark gekürzt.

Merveldt, Eka von

S. 8: »Seltsames schlummerndes Land...« – In: Merian XXVII, 10: Münster und das Münsterland (Hamburg 1974), S. 6ff.; gekürzt.

S. 62: Zu viel Touristenluxus? – In: Kleine Bettlektüre für bodenständige Westfalen (Bern usw.1974), S.41–54: Wasserburgen und Fort Fun; stark gekürzt.

Miklis, Claudia

S. 69: Kleinod im Vergnügungspark. – In: Westfälische Nachrichten (Münster, 27.2.1999).

Plassmann, Joseph O.

S. 32: Herdraum und Flett. – In: J. O. P., Leben und Treiben der alten Münsterländer (Münster 1935), S. 13f.

Raesfeld, Ferdinand von

S. 95: Schloß Raesfeld oder Das verpflichtende Erbe. – In: F. v. R., Aus jungen Tagen (Neudamm 1920), S. 120ff.

Raub, Annelise

S. 88: Zum Beispiel Burg Kakesbeck in Lüdinghausen. – Erstveröffentlichung.

Rodingen, Hubert

S. 104: Üppige Geliebte. – In: Westfälische Nachrichten (Münster, 28. 9. 1982).

Schwarze, Gisela

S. 22: Rund um Münster. – In: G. S., Westfalen. Landschaft, Geschichte, Wirtschaft, Kunst (Nürnberg 1968), S. 149f.

Walther, Ruth

S. 74: Haus Nyland. – In: Merian X,1: Münsterland (Hamburg 1957), S. 89: Die Nyland-Stiftung; gekürzt.

Wibbelt, Augustin

S. 64: Der liebe alte Fußweg. – In: A. W., Der versunkene Garten (Essen 1946), S. 20f.; aus dem Kapitel »Meine Heimat«.

Winckler, Josef

S. 14: Bombergs Hochzeitsreise. – In: J. W., Der tolle Bomberg (Stuttgart 61.–70. Tsd. 1924), S.41–44: Die Hochzeitsreise.

S. 75: Die Tödden. – In: J. W., Im Banne des Zweiten Gesichtes (Berlin 1930), S. 225–266; stark gekürzter Auszug.

Wittkamp, Franz

S. 94: Die Glocken zu Lüdinghausen. – In: F. W., Heimatliche Sagen, Gebräuche und Geschichten (Lüdinghausen 1922), S. 10.

S. 92: Das eiserne Halsband des Lambert von Oer. – In: F. W., Heimatliche Sagen, Gebräuche und Geschichten (Lüdinghausen 1922), S. 22f.